与焦虑和解

The Anxiety Toolkit

[美] 爱丽丝·博伊斯(Alice Boyes)——— 著

刘佳沄——— 译

湖南文艺出版社
博集天卷
CS-BOOKY

著作权合同登记号：图字18-2020-011

图书在版编目（CIP）数据

与焦虑和解 /（美）爱丽丝·博伊斯（Alice Boyes）
著；刘佳沄译. — 长沙：湖南文艺出版社，2020.6
书名原文：The Anxiety Toolkit
ISBN 978-7-5404-9577-0

Ⅰ.①与… Ⅱ.①爱… ②刘… Ⅲ.①焦虑—心理调
节—通俗读物 Ⅳ.①B842.6-49

中国版本图书馆CIP数据核字（2020）第049318号

上架建议：**心理·励志**

YU JIAOLÜ HEJIE

与焦虑和解

作　　者：	［美］爱丽丝·博伊斯（Alice Boyes）
译　　者：	刘佳沄
出 版 人：	曾赛丰
责任编辑：	刘雪琳
监　　制：	邢越超
策划编辑：	李　荡　蔡文婷
特约编辑：	汪　璐
版权支持：	刘子一
营销支持：	文刀刀　周　茜
版式设计：	李　洁
封面设计：	主语设计
出　　版：	湖南文艺出版社
	（长沙市雨花区东二环一段508号　邮编：410014）
网　　址：	www.hnwy.net
印　　刷：	三河市中晟雅豪印务有限公司
经　　销：	新华书店
开　　本：	880mm×1270mm　1/32
字　　数：	133千字
印　　张：	6.5
版　　次：	2020年6月第1版
印　　次：	2020年6月第1次印刷
书　　号：	ISBN 978-7-5404-9577-0
定　　价：	48.00元

若有质量问题，请致电质量监督电话：010-59096394
团购电话：010-59320018

目 录
Contents

THE

ANXIETY

TOOLKIT

THE

ANXIETY

TOOLKIT

书中提及之患者案例说明如下：

本书中所包含的患者案例由多位患者之实际情况组成，且已更改细节以保护患者隐私。

临床诊疗的相关信息来自我在新西兰期间的工作。

本书内容仅供一般参考之用，不能替代个别治疗。并非所有建议都适合你。

PART
ONE //

了解你

与你的焦虑

Understanding Yourself

and Your Anxiety

第一章　焦虑是如何运作的

以下状况听起来很熟悉吗？

- 开始行动前，你总是想很多。
- 你很容易做出负面的推测。
- 你担心会发生最坏的状况。
- 你把负面评价看得很重。
- 你自我批判。
- 只要未达杰出表现，你都觉得是失败。

如果是的话，你并不孤单，你可能正经历着某种程度的焦虑。焦虑是一种情绪状态，特征包含了忧虑、紧张和不安。有 4000 万名 18 岁以上的美国人为焦虑症所苦，"日常焦虑"状态则影响着更多的人。

　　根据研究，我们知道，所有类型和程度的焦虑都有着类似的心理机制，即使表面上看起来各种焦虑的形式大不相同。不管你是焦虑症患者，还是像我一样天生就很容易焦虑的人，无论你的焦虑是以何种形式表现出来的，接下来你将读到的信息，都与你息息相关，也非常有用。

焦虑是如何运作的

　　焦虑有各种各样的表征，从行为和情绪层面到身体和认知（这里是指想法）层面都有。每个焦虑的人的表征不尽相同，但都可被归纳在一些类型之中。在下一页表格里，你可以看到各个层面的范例。

　　焦虑虽然有时看起来像是个缺点，但其实是一种进化的优势，一种能让我们停下来审视周遭的高度警戒系统。焦虑的感受会促使我们开始寻找潜在的威胁。当你察觉到一个潜在的危险，便不会轻易地停止思考这个威胁。如果你是个试图保护家人的山顶洞人，这的确是个优势，但如果你是个深信自己随时会被解雇的员工，这就不太好了。

对我们这些正经历着焦虑的人来说，就算没有充分的理由让我们过度谨慎，焦虑警报还是会随时响起。为什么会这样呢？因为我们可能拥有更敏感的焦虑系统。或者，我们可能一直在做一些短期内能减轻焦虑的事情，像是避开那些会使我们陷入焦虑的情境，但从长远来看，实际上反而加重了焦虑。

焦虑的四个层面	举例
行为层面	• 很想推迟重要但会引发焦虑的任务。 • 不断搜集信息却不采取行动。 • 行动之前亟须他人下达开始的指令。
情绪层面	• 感到紧张、担心或恐惧。
身体层面	• 心跳加快，感到反胃。
思想层面	• 害怕失败。 • 当担心他人对你有看法时，会在脑中不断回放事发经过。

当不实的焦虑警报响起时，也就是当你看到一些不存在的威胁，或担心不会发生的事情时，不要将之当作你的缺陷。从山顶洞人的角度来看，关乎生死时，比起提防潜在危险（术语称作"错误肯定"，false positive），没有察觉到真正的威胁（术语称作"错误否定"，false negative）才更是个问题。因此，这种不实的焦虑警报，就像是你系统内建的一部分，让你能谨慎行事。

人们在踏出自己的舒适圈时，都会感到焦虑。

但不踏出舒适圈，生活便会不那么充实。由于我天生是个容易焦虑的人，生活中做出的几乎每一个重大决定，都会让我因焦虑而感到身体不适。但如果我不愿意做出一些让我暂时感到焦虑的决定，那么我的生活会比现在空虚得多。

将你的焦虑减少到零是不可能的，也没有帮助。焦虑本身不是个问题。当焦虑严重到使你停滞、让你陷入困境时，这才是个问题。我认为这些瓶颈就像是焦虑的陷阱。我们将要处理你对五个焦虑陷阱的反应：过度犹豫不决、反刍思考与担忧、因完美主义而停滞、害怕建议与批评，以及逃避（包含拖延）。

我选择关注这五个陷阱，是因为我发现几乎所有我协助过的焦虑症患者，都被这些陷阱影响着，这些是他们的共通点。这些陷阱是自我延续的，因为它们会引起额外的压力。例如，有人犹豫不决，以至于错过了重要的机会，结果导致财务状况恶化。或者有人逃避建议，以至于没有察觉可能早就可以调整的实际问题。当人们被困在这五个焦虑陷阱中的任何一个中时，他们往往会看不到大局，也无法以有效的方式解决问题。学习如何驾驭这些瓶颈，你将能够管理自己的焦虑倾向，这样你就可以去追求你的人生目标，无论这些目标是什么。

本书将会如何帮助你学习成功驾驭这些焦虑导致的瓶颈呢？书中介绍的方法，基于认知行为疗法（cognitive behavioral therapy，简称CBT）的原则。CBT被广泛地认为是治疗焦虑最有效的方法，并且已有数十年的研究历史。"认知行为"这个术语，只是意味着这种治疗方式着重于思想和行为，并且强调同时关注这两点是取得成果的最佳办法。称其为"一系列认知行为疗法"（cognitive behavioral therapies）更为准确，因为这个术语实际上指的是具有相同基本原理的一系列相关联的疗法。不过，大多数人只以单一的"认知行为疗法"来表达，为方便起见，这两种说法我会交替使用。

成功解决焦虑瓶颈，主要需要做以下三件事。首先是建立自我认识，了解哪些思维和行为模式会引发你的焦虑并使其持续。通过焦虑研究，我们已经知道了这些模式，接着我将谈到如何学会辨认它们。

其次是一套不可或缺的应对策略，当你发现自己陷入焦虑时可以使用。我将会分享一个策略工具包，帮助你破除焦虑瓶颈，好让你能朝着目标前进，并感到舒适。

蓝图的第三部分，是你对自己整体的信心。你要相信自己有能力运用书中的信息和工具来解决你目前的问题。如果你还没有这样的自信心，我们可以一起努力，特别是通过本书的第三部分。

这本书的不同之处

你可能在想，这本书是否也是那种极为甜腻、挂着笑脸、充满正面思考的书之一。天哪，不是。传统的"别担心，开心点"之类的讯息让我感到很不舒服，因为我喜欢为可能出错的事情先做好准备。而且我知道有很多焦虑的人也有同样的感受。许多焦虑的人，身边永远有人告诉他们"不要担心""不要有压力""不要想太多"。由于不断被告知应该放松或冷静一下，焦虑的人常常会觉得自己从根本上就有毛病。这种"别担心，开心点"的讯息忽略了一点，那就是研究表明乐观和所谓的"防御性悲观"（defensive pessimism）同样有益。

成功地驾驭焦虑，包括学习接受、喜爱你的天性，与你的天性共处，而不是去对抗它。我就很喜欢自己的性格，即使我很容易焦虑。如果你还不是这样的人，那我希望你也能开始理解并喜欢上你的天性。一旦焦虑不再阻碍你，这就会更容易实现。如果这本书最终没有带给你任何东西，那你至少也要了解到先天焦虑并不是一个错误。做一个喜欢深思熟虑的人，习惯于思考可能出错的事，也无伤大雅。就算你天生不是一个随性或无忧无虑的人，也绝对没错。你可以去考虑潜在的负面结果，只要你能做到：

- 考虑潜在的正面结果。
- 不要将可能的负面结果视为不去实践的理由。
- 认同自己天生有能力去应对那些不按计划发生的事情。

在接下来的章节中，你将学到一些技巧和诀窍，让你能在焦虑程度过高时转换状态。一旦你发现自己过度检查、过度钻研、过度思考，或因为害怕出错而不愿意尝试一些对你很重要的事情时，你就可以运用这些小小的干扰方式来打破焦虑。你不需要从根本上改变你的本性，你只需要理解你的思维方式并学习一些技巧，这样就可以用对你有利的方式来调整你的想法和做法。

这本书还有什么不同之处？我从曾经协助过的成年焦虑症患者那里得知，他们想要知道那些提供给他们的建议背后有哪些原理。他们希望根据自己的个性、生活方式和目标来判断适用于哪种特定的策略。本书将为你提供方法与鼓励。我会帮助你驾驭焦虑，但最终"驾驶员"仍是你自己。

我为什么会写这本书？

虽然我没有焦虑症，但我一直很容易焦虑。我曾是那种拒绝去露营的孩子，因为我害怕领队会叫我吃我不喜欢的食物，或者叫我去做一些我本来不打算做的事。在新学期即将开始的那几天里，我会因为必须去适应新的老师而感到压力很大，进而觉得身体不舒服。

在读研究生之前，我对自己的焦虑知之甚少。接着，我接受了临床心理学的培训。临床心理学是一门关于心理诊疗的学科，处理恐慌症、强迫症、抑郁症和饮食障碍等问题。在认知行为疗法培训期间，我发现 CBT 大大地帮助我了解了自己的思维和行为模式。我并没有将那些治疗临床患者的技术用在自己身上，而是运用其中的原则，改变我的思维模式和对压力的反应方式。

当我毕业并开始独立诊疗时，我发现来咨询的病人们，他们最初的问题通常利用认知行为疗法就能相对快速地被解决。例如，当人们因恐慌症发作来接受治疗，他们通常很快就会停止恐慌。如果他们因患抑郁症而前来治疗，他们的情绪经常会得到迅速的缓解，达到不再被临床视为抑郁的程度。人们遇到暴饮暴食问题时，经过几周的治疗，便会打破暴食与节食的循环。这些人并不是眼下就解决了问题，他们只是主要症状没有再出现。他们仍然有许多关于如何应对焦虑与压力的疑问，并且需要额外的技巧去应对。我所学到的疗法，在这个治疗阶段似乎没那么有用了，所以我开始开发自己的素材。我被我的病人带领着，也被研究发现带领着，更被那些使我自己能应对生活和焦虑的方式带领着。

　　我开始在博客上分享我开发的素材，很快就有杂志来接洽，要我为他们的案例提供专业的建议。我发现很多人有兴趣学习如何使用认知行为工具来解决日常问题。这些感兴趣的人通常正经历着一定程度的焦虑，但并不是临床疾病患者。我还注意到，患有焦虑症的人，会因为我在博客或杂志上写的文章，跑来找我治疗。他们认为有用的信息一般是泛用的认知行为原则，但不一定针对他们的疾病。

　　随着我的事业更进一步，我开始专注于将 CBT 原则应用为可以处理日常问题的工具，尤其是焦虑问题。由于我接受过临床心理学和社会心理学的训练，我能够将这两方面的知识融会贯通。也因此，我的方法与其他人的略有不同。我能够将社会心理学研究（关于人们普遍的思维和行为）与临床心理学的信息结合起来。

　　接下来你将学到的方法，不仅对我有帮助，对我的病人们也很有用，我希望这些方法也可以使你很受用。我将要与你分享的这些方法，几乎全部是我仍在继续使用的。从我开始接受 CBT 培训至今已有十多年了，我每天都在使用这些原理和方法，因此我自己现在使用的是极度快捷的版本。练习得越多，你就越能开发出自己的快捷方式。

接下来会有什么？

　　本书分为三个部分。第一部分为你打下基础，让你了解焦虑如何运作，并更好地了解自己的天性。在第二部分中，每个章节都会处理一个特定的焦虑瓶颈。针对每个瓶颈，我都将为你提供一个可操作策略工具，让你能解除这些瓶颈。在第三部分中，我将介绍如何将这些素材整合到你未来的生活中，并且助你主动去排除解决人们经常会遇到的一些问题。我还会提供一些关于往后自我发展的建议，虽然这些建议已超出本书处理焦虑的重点。

　　接下来，本书的每一章都会从一个小测验开始，让你可以衡量这个章节可能与你相关的程度，并了解这个章节的学习目标。每个测验问题，都有 A、B、C（有时会有 D）选项，章节的内容则将会帮助你朝 A 选项迈进。

　　本书第二部分的每一章节将介绍一些建议性的思维和行为转换方式。每一种转换方式，都配有一个思维实验，来帮助你做出改变。在阅读并进行这些实验时，你可以在手边放一本笔记本。

以最适合你的方式使用这本书

你可以用适合你的方式来应用我所分享的素材。要记住，你的目标是建立专属于自己的性格焦虑处理工具，找到你喜欢的做法，并根据自己的需要进行调整。

以下几件事要记得：

本书是作为参考用的书。你可以根据需要翻阅任何章节。当你需要深入了解你所遇到的问题，或者想要尝试一些新的东西时（就好像你有兴致去尝试新的食谱那样），就可以回来翻阅这些素材。如果你开始感到讯息量超过你的负荷范围，就停止阅读，只熟读你想在生活中实行的那一部分内容即可。只要愿意，你随时都可以再回来阅读其余的素材。

你可能会注意到，去思考和阅读与焦虑有关的问题，反而会让你感到焦虑。这种状况发生的时间点可能有些随机。也许某一天拿起这本书时你会感到焦虑，但下次不一定会有这种感觉。老实说，有一段时间，去书写或谈论跟焦虑有关的问题，也会引发我的焦虑。这些都是了解这个课题的必经过程，我们将一起经历。如果阅读跟焦虑有关的问题随时会让你感到焦虑，那你可以选择继续阅读，看看焦虑会不会自然消退，或者把书搁置几天。

你也可能会发现，阅读比实践要来得舒服。你或许会发现自己不愿意尝试书中所建议的这些实验，因为你没办法百分之百确定这些实验适合你或者你能完美地完成它们。但关键是你得清楚，你不能在尝试之前空等着这些感受消失。你可能会永远等下去。好消息是，在感受到不确定的时候去采取行动，会让你在下次感到不确定时，比上一次更容易采取行动。专注于那些感觉可行的部分就好，哪怕只有一点点。

许多焦虑的人有不止一种类型的焦虑问题，例如，同时有担忧和社交焦虑的问题。如果你是这样的人，那么你很可能会发现这本书中的跨诊断（transdiagnostic，即非特定疾病诊断）方法十分有用。如果你认为你可能有表现出临床焦虑症状的问题，例如社交焦虑症或恐慌症，那么在某些阶段中，你可能会通过一些专门针对你的问题而设计的治疗方案获得帮助（请参考网站 TheAnxietyToolkit.com/resources 中所提供的一些建议）。但无论如何，本书中的素材都可以作为治疗方案的补充。

最后，一般的好建议有时对你来说不一定也是好建议。学习接受和喜欢你的本性，在一定程度上让你有能力去忽略那些不适合你的建议。举个例子，在我考虑写一本书之前很久，我参加了很多作者的新书巡回签售，在几乎所有的讲座中，听众里都会有一个人询问作者的写作过程。大多数作者都会说，太阳一出来他们就会起床，因为他们需要比小孩更早起，或者要赶在开始白天正职工作之前起床，写作才不会被打断。不过，在最近的一次座谈中，有位作者说他用一天中零碎的时间写作，他一有想法就会写，甚至经常是在工作时间。这让座谈现场出现一阵沉默，因为这个答案与传统观念或其他作者的答案并不相符。然而，这位作者很了解自己的本性，并忽略了对他无用的建议。

如果你发现自己不愿意尝试本书中的某些内容，就先略过那个部分，继续阅读下去，从你愿意尝试的部分开始读。根据你的需求和所处的阶段，找到适合你的方法。如果你尝试了书中的一些建议但没有用，或者某些建议不适合你，那就忽略它。这只是你开始接受本性的一个阶段。让我们从现在开始努力。

第二章　了解多面的你

本章将介绍一些核心人格和相关联的概念，帮助你了解你的思维是如何运作的。意识到你性格中的这些面向，将能帮助你了解你的焦虑。

先进行以下测验，看看本章的内容会与你有什么样的关联。选择你认为最适合的答案。如果没有答案是适合的，就选择一个最接近的答案。

1. 你对自己的基本天性有多了解？

　　（A）我很了解什么事物会激励我，以及什么事物会让我感到情绪平衡或不平衡。

　　（B）有一些面向的自己是我所不了解的。

（C）有很多面向的自己是我所不了解的。

2. 你觉得自己的天性之中有相互冲突的部分吗？例如，你很想得到新的机会，但你的天性就是会担心事情可能会出状况，导致你停在原地。

（A）在专注于潜在成果与担心可能出错之间，我可以保持平衡。

（B）有时候会觉得。

（C）是的，这大大地妨碍了我。

3. 你有多了解哪些事物容易过度刺激到你？举例来说，过多的社交联系或突然改变的计划。

（A）我知道什么事情会让我感到不安。我在生活中会尽可能地减少这些事件的发生，并且在受到过度刺激时能有效地重新调整。

（B）我希望能更好地了解这一点。

（C）我没想过这个问题。

4. 你能区分责任感和完美主义吗？

（A）可以，我知道对抗完美主义有时会导致整体而言不那么尽责。

（B）理论上可以，但在实际层面上我还是经常混淆。

（C）这两者对我来说似乎是一样的。

5. 小心谨慎有时很有用，有时却会造成你停滞不前，你能分辨这两
　 者之间的不同吗？

（A）我可以分辨什么时候小心谨慎是一种优势，什么时候则不是，
　　　我也可以视情况调整我的行为。

（B）有时候我会意识到我太过小心谨慎，但我似乎无法控制这
　　　一点。

（C）我通常不会注意到自己过于小心谨慎，如果注意到了，也是
　　　时隔许久之后。

6. 你能够驾驭自己性格的各个面向吗？例如你是一个非常执着的
　 人，但当稍微放下会比较好时，你能马上调整你的行为，而不是
　 继续朝着问题横冲直撞。

（A）大部分时候都可以。

（B）有时候可以，有时候不行。

（C）不能。

以下是你答案的解析。如果你的答案：

大部分是 A

你很了解自己，而且能够控制任何你所拥有的强烈倾向，使这
些倾向成为你的优势，而不是给你造成麻烦。你可能不需要了解本
章中的所有信息，但或许还是会找到一两条有用的讯息。

大部分是 B

你在某种程度上了解你自己，但有时难以调整你的主导倾向，这种倾向有时候不一定会带来最好的结果。本章为你提供了一个机会，让你能进一步且更详细地了解自己的处事方式。

大部分是 C

你可能会发现自己与其他人有所不同，并为此感到困惑或羞愧。本章将帮助你好好地了解你的天性，了解如何更容易地与你的天性共处，并且减轻过度焦虑。本章还将帮助你辨认哪些时候小心谨慎会让你陷入适得其反的状况。

想要更轻松地管理焦虑，你需要去了解的不是其他焦虑的人，而是你各个面向的自我。我所谓的"各个面向"，不是单指你的焦虑倾向，而是你的天性。例如，焦虑且随和的人与焦虑且不随和的人就有所不同。很随和的人对焦虑的反应，可能是妥协于那些让他们感到不舒服的事情。不随和的人对焦虑的反应，则可能是开始挑剔他人的想法，或只看到计划中的缺陷，导致他们选择退出那些可能会很棒的合作。

由于每个个体的思想和行事风格都是由各种各样的特质塑造出来的，而不仅仅是焦虑，所以在这里我有必要简要地介绍一些核心的相关概念，这将有助于你理解自己是如何处事的。我无法涵盖所有内容，但以下这些个性和性情，都是我和容易焦虑的人最常谈到的。理解这些概念将帮助你在需要搞懂自己时，获得更广泛的自我认识，发现最好的思维和行为运作方式，更积极地自我接纳。本章中的每一部分并不一定与每个读者都有所关联，但就算一些部分与你不相关，这些内容也可以帮助你了解其他人。

内向与外向

在刻板印象中，焦虑的人通常会被与内向的人画上等号。这种看法有一定的道理，从统计学来说，患有焦虑症的人的确更可能是内向的。然而，我也帮助过一些个性外向的焦虑症患者。

举例来说，在某些方面，内向的人更容易受到社交焦虑的影响。当这些有社交焦虑又内向的人，尽量去与自己的社交焦虑共处，并建立起一些让自己不再感到焦虑的紧密人际关系，他们通常会觉得这样就很好了。有社交焦虑又外向的人，渴望的却不只是一小撮知己和亲密的人。

如果你是焦虑且外向的人，要认可你的外向，更要认可外向与焦虑共存是一件很正常的事（即使有点不太常见）。随着我们继续下去，我将帮助你了解焦虑背后的心理，让你知道为什么焦虑会使你对渴望的社交互动感到却步，使你无法忠于自己外向的天性。一旦你理解了为什么你会退缩，你就能够使用认知行为工具来克服这些心理障碍。

🧠 高敏感人格

有时候，内向或焦虑的一部分特质，会被与心理学中的高敏感人格（highly sensitive person，简称 HSP）观念混为一谈，因为两者的特质密切相关。高敏感人格的一些典型特征包括：

- 对事物感受深刻。
- 同时面对太多事情时很容易不知所措。
- 很容易感到受伤。
- 对他人的情绪十分敏感。
- 对于负面的消息感到沮丧，即使事情发生在他们不熟悉的人身上。
- 难以隐藏他们的真实感受，例如对某个主题缺乏兴致时。
- 难以过滤特定类型的刺激，例如容易对背景噪声或材质粗糙的衣物感到恼怒。

具有以上多种倾向的人，不见得是个焦虑的人。然而，如果他们被迫进入一个环境，里头的刺激超过他们所能负荷的范围，他们就往往会感到焦虑。例如，我的一个咨询对象的症状就很像抑郁症加焦虑症。这个平常很快乐的人，经常感到想哭，无法集中注意力，并且一直很烦躁。我们后来一起发现，问题出在她的公司将她转调到一个开放式的办公空间，她无法过滤掉工作空间变化所造成的一切过度刺激。这是一个很好的例子，说明了你需要了解自己的本性，进而去了解你的焦虑和情绪。如果你认为自己可能是高敏感人格，建议你将伊莱恩·阿伦（Elaine Aron）博士的《天生敏感》（*The Highly Sensitive Person*）拿来与本书一起阅读。就像阅读任何一本书一样，吸收你认为有用的部分，然后忽略其余的部分。

预防定向 vs 促进定向

焦虑常常与"预防定向"（prevention focus）有关。预防定向意味着专注于防止不好的事情发生。相较之下，"促进定向"（promotion focus）则意味着专注于获得新的机会和成果。虽然大部分的人都可以被归类为其中一种，但也可能同时强烈地具备这两种特质，这意味着你一直很想避免错误和伤害，却同时想去寻找机会。这可能会导致你在前进和退缩之间踌躇不定。

有时，焦虑和预防定向之间的关联性，会使焦虑的人被推断为可能更适合注重保守、谨慎和维持现状的工作与职业生涯。根据我与患者合作的经验，这些类型的职业，有时反而会使高度焦虑症患者的情况变得更糟糕。例如，医生都需要非常仔细和谨慎，对医生来说，不够小心就可能会带来灾难性的后果，这是一个必须不断被强调的重点（也是一个正确的重点）。然而，对那些本来就已经够担心的人来说，这种必须随时随地小心谨慎的工作，有时会使他们过度担心和反复检查的倾向更加严重。

我也见过这种情况发生在其他职业。在这些工作中，对细节的关注是受到高度重视和鼓励的，例如平面设计。从事一个鼓励"对小细节紧张到冒汗"的工作，有时会导致这种情况蔓延到他们的私生活中。如果你处于这种情况中，你不需要换工作，你只需要去了解这些能让你在工作中取得成功的方法，可能不一定适用于所有情况。

感官刺激寻求

如果你具有焦虑的倾向，而且你认为从事一个着重于避免错误的工作对你来说似乎很无聊，那么你就是所谓的"感官刺激寻求"（sensation seeking）者。寻求感官刺激包括享受风险成分和渴望新鲜事物。如果你同时高度寻求感官刺激又高度敏感，你可能会感觉自己像是在两种状况之间走钢索，一边去做一些令你兴奋的事情，又希望自己不要被新鲜事物所带来的刺激淹没。

这些术语看起来可能令人感到困惑，这是因为心理学中不同领域的研究会运用各自的术语来描述这些重叠（但并不相同）的概念。你不需要太担心细微差别。重要的是，有些人野心勃勃、有竞争力、大胆思考、追求新奇，但他们的天性中可能还有其他因素，会使他们很容易感到不知所措，或当他们谨慎的本能被激发时，他们会突然猛踩刹车。具有这些看似是竞争倾向的人，也可能会从本书的素材中获益匪浅。如果你的天性有点复杂，就用一本笔记本记下来，对思考会很有帮助。

面对改变

人与人之间，其中一个根本上的不同之处在于，每个人在遭遇改变或面对可能的改变时，会产生不同强度的情绪。例如，当计划在最后一刻遭到变更，或者必须与有别于以往的合作对象共事时，有些人会觉得难以接受。这些需要时间和心理空间来适应变化的人，不一定都会感到焦虑。但是，如果不给他们适应变化的时间，或他们不允许自己花时间去适应，又或者，当他们没有精力去应对这些计划中的小变化时，他们就会出现焦虑感。

　　这些需要更多精力来处理变化的人，一直都是这么死板且没有适应力吗？不是的，他们仍然可以非常有适应力，只要他们有足够的自我认识，能够以适合自己天性的方式来面对变化。如果他们在生活中有日常习惯、例行事务和人际关系能够给予他们基本的连贯性和熟悉感，他们通常就能以最好的方式运作。有可能只是每天吃一样的早餐、拥有一段长期稳定的关系或周末去做些他们喜欢的例行活动，如此简单的小事，如此稳定、熟悉的元素，就能帮助人们去忍受其他的变化。

　　值得注意的是，你也可能既对于变化感到兴奋（也就是一个寻求感官刺激的人），又认为变化会造成心理负担。人性是很复杂的！

随和与不随和的焦虑者

　　前面我提到过，有的人很随和，有的人则不随和。大致上的随和或不随和是一种基本的人格特质。而就像其他所有人一样，焦虑的人也可能分成随和和不随和的。要分辨出自己是哪一种，也是需要通过学习的。随和的人通常会优先考虑与他人和平共处，当他们看到别人的想法或计划出现问题时，他们可能不想去惹是生非。相较之下，性格较不随和的人，就可能会低估与他人和平共处的重要性，并且在建立人际关系这方面投入得不太够。

一旦你能够分辨出你的特质是什么，你就可以记住这些特质，并根据需要来调整你的反应。如果你焦虑又难相处，那么只说一些该说的话就好。毕竟，你的天性是希望避免事情出错。我妈经常说我和我的继父是那种"一开始都说不要"的人，后来才有可能会说"好"。她自己则是一个非常随和的人，所以常常在一开始就不自觉地说"好"，而且很少最后反悔。

如果你又焦虑又随和，你可能会发现自己经常过度承诺一些事情，因为你会高估说"不"的潜在负面后果。你也更有可能因为担心别人对你的看法，而不敢说出你想说的话。你将在本书中学到的技巧，能帮助你达到平衡，让你既能受人喜欢，又握有优先主动权，例如掌控自己的行程，或说出自己的想法。

无论你天生是随和还是不随和的人，你都可以忠于你自己的本性，同时去学习如何调整心态，避免产生偏见和影响你的人际关系。

责任感

　　并非每个焦虑的人都责任感很强，但因为你正在阅读的是一本以 CBT 为基础的自助类书，所以你应该有一定程度的责任感。责任感是一种人格特质，指人具有强烈的职业道德，并且会彻底而有序地完成任务。责任感强烈的人学习认知行为原则和技巧，通常都会获得特别好的成果。为什么呢？因为认知行为疗法十分有条有理，这个特色往往让他们很喜欢。他们可以做得很好，因为他们会努力去了解自己，并致力于将所学应用到他们的生活中。焦虑的人有时会低估自己的责任感，所以一定要对你的责任感有足够的自信。

　　要明白责任感与完美主义是不同的。举例来说，完美主义者可能会花很多时间，试图将某件事情做到"尽善尽美"，导致他们没有任何多余的精力去完成其他重要的任务。完美主义常常可能造成事与愿违的结果。例如，在一个针对老年人的研究中，完美主义有可能增加死亡风险，责任感则可能降低风险。减轻完美主义，但保留你的责任感，对你有很大的好处！

　　许多你将在本书中学到的方法，将帮助你减少完美主义带来的反效果，本书中更有一整章（第六章）专门在讨论这个问题。现在，接下来的两个练习，将帮助你区分有用和无用的小心谨慎类型，并了解小心谨慎与焦虑之间有什么样的关联。

有用的小心谨慎

我将举出一些例子，说明焦虑会如何激发有用的小心谨慎。焦虑的适应性功能是让你警惕危险，一旦了解这一点，你就会开始明白，只要把你的焦虑倾向引导到正确的方向，它就可能会对你有益。

实验　在下面的表格中，左栏是一般的原则，右栏则是我的范例。我将在本书中不时分享我自己的例子，以保证真实性，并避免因为分享了其他人过于具体的例子，而侵犯到患者的隐私。

试着针对你有共鸣的那些项目，举出一些你自己的例子。有些人一被要求举例，脑袋就会一片空白。如果你也是这样，没有关系，读我的例子就可以了。

天生焦虑的例子	责任感和小心谨慎如何促成好结果
当我制订计划时，我会考虑可能出错的地方，因此制订了后备方案。	• 我去海外旅行时会多带一张信用卡，以防主要的那张卡因为某些原因而无法正常使用。

续表

天生焦虑的例子	责任感和小心谨慎如何促成好结果
发现有点不对劲时，我就会采取预防措施，尽量减少潜在伤害。	• 我会保留发票，以备我想退货时使用。 • 如果有客服打电话来说明一些事情，而我担心对方说的可能有问题，我会回拨给那家公司，要求他们记下我刚才被告知的信息，并回复我内容是否正确。我还会要求他们告知我刚才那位客服的员工编号。
当我在做研究时，我会研究得非常彻底。	• 如果要去度假，我绝对不会等到了海滩才发现现在是雨季。
在意他人眼光，所以我很有礼貌，并准备充分。	• 我会在就诊之前，记一些简短的笔记或问题。 • 就诊时我也会写笔记，与我交谈的人会感受到我很重视他们所说的话。
我做事很小心。	• 我做事有条不紊，所以我不会搞丢钥匙，或出门忘了关煤气。
做决定前我会仔细考虑。	• 当我要买东西时，去商店前我会先在网络上研究一番。我颇为喜欢这么做，这样可以节省冲动购物之后又要跑去退货的时间。
因为我总是会察觉问题，所以我不太容易吃亏。	• 若事先知道我在国外需要搭出租车，我会提前查出大约的价格。

造成反效果的小心谨慎

同样是小心谨慎，在某些情况下很有帮助，在某些情况下却可能造成停滞不前。你可能会因此错失大好机会，或被细节困住，而不去解决更要紧的问题。极度谨慎的倾向也可能导致人们不去尝试建立关系，无论是友谊、爱情、生意还是合作关系。发展任何类型的紧密关系，都会存在一定的风险。因此，在某些情况下，因焦虑而产生的自我保护本能，会使人们变得孤立和孤独。焦虑的人有时会不惜一切代价去避免感到脆弱，即使这意味着变得孤独，或者被孤立于同侪之外，阻碍他们事业的成功。

实验 下表中的原则与第一个实验中的相同。但这次我举了一些自己的例子，来看看这些相同的倾向如何变得毫无帮助。虽然大多数时间我都设法避免陷入这些焦虑的陷阱，但我仍然发现自己偶尔会深陷其中。如果你感同身受，可以多思考一下或写下一些你自己的例子。你也可以在右栏中打个钩，表示"我也是这样"。

天生焦虑的例子	责任感和小心谨慎如何造成反效果
当我制订计划时，我会考虑可能出错的地方，因此制订了后备方案。	• 我有时会发现自己不愿意去做尝试，因为担心可能出问题。

续表

天生焦虑的例子	责任感和小心谨慎如何造成反效果
发现有点不对劲时，我就会采取预防措施，尽量减少潜在伤害。	• 我有时会花费大量的时间来防止一些不重要的部分出问题，导致我没有时间和精力去处理更重要的部分。
当我在做研究时，我会研究得非常彻底。	• 我有时候会陷入长时间的研究。
在意他人眼光，所以我很有礼貌，并准备充分。	• 有时我会太在意他人对我的看法，导致我会去尝试控制别人应该如何看待我。我会表现得很有控制欲，或最后在脑中不断回放当时的对话，想知道我当时说的是不是对的。 • 太在意他人对我的看法，有时会让我直接下结论，认为对方就是不喜欢我，但通常这不是真的。因为我感到自己受到负面批评，我的行为就变得不那么坦荡或友好，有时反而会真的造成别人不喜欢我，正好落入自己当时的预设之中。
我做事很小心。	• 有时我会在事情上花费过多时间，多到有点荒谬。 • 我有时发现自己会过度反复确认一些细节，而忽略了其实更重要的其他工作。
做决定前我会仔细考虑。	• 我有时候会为了一百块考虑好几小时，但如果把这些时间花在工作上，我可以赚个两三百块。
因为我总是会察觉问题，所以我不太容易吃亏。	• 我有时会对其他人过度怀疑，导致我会去避免跟他人合作。

调整你的思维模式与行为

强烈的人格特质有时可以为你提供巨大的竞争优势，让你超越其他人。这些特质可以帮助你实现一些其他人做不到的事。然而，诀窍是要懂得去调整这些人格特质，让这些特质不会凌驾于你的本性之上。例如，高度执着可以是一个巨大的优势，焦虑的成功人士常常有这种特质。但如果你非常执着却无法控制你的执着，在需要你暂时放手的情况下，你就可能很难做到。你可能会发现，当你困在一个毫无进展的任务之中时，你很难收手；或当你正面对一场毫无结论的争执时，你不但很难放下，还会使冲突愈演愈烈。一种特质越极端，就越有可能成为一把双刃剑，有时候很有用，有时却不是。

到目前为止，我们正努力让你更入微地了解自己的模式。接下来在阅读本书的过程中，你将学习如何去调整那些你发现不太有帮助的模式，同时保留对你有帮助的特质、让你感觉忠于自己的天性的特质。

第三章　你的目标

　　人们陷入严重焦虑的其中一种原因，就是他们往往过度关注如何避免焦虑。越想避免焦虑，焦虑的人反而会越发焦虑。当人们花太多时间过度关注焦虑，就往往会对自己的能力失去信心，变成只会担心和想太多的行尸走肉。本章将帮助你与那些焦虑以外的目标重新联系起来，如此一来，在朝着目标前进的同时，你也远离了过度焦虑。

　　先进行以下测验，看看本章的内容会与你有什么样的关联。选择你认为最适合的答案。如果没有答案是适合的，就选择一个最接近的答案。

1. 你是否曾因为你的焦虑程度失控，而担心自己很软弱或者有毛病？

（A）从来没有。

（B）有担心过其中一种可能。

（C）你怎么知道？这两种可能我都担心过。

2. 你是否曾发现过度关注自己的焦虑症状？

（A）不曾。

（B）很少。

（C）有，我像关注天气预报一样关注我的焦虑。

3. 你是否曾因为焦虑而逃避追寻自己的目标或梦想？

（A）没有，虽然焦虑让人感到不愉快，但若能完成目标和梦想，我愿意忍受过程中经历的任何焦虑。

（B）我因为焦虑而没有去追寻某些目标和梦想，即使我很想去追寻。

（C）当我站在超市里翻阅心灵杂志，看到"过你最想要的生活"这样的主题时，我的心就会往下沉，因为我并没有过上最想要的生活。

4. 有些目标对别人来说或许不太重要，但对你个人很有意义，你能不能分辨出来？

（A）我很了解我是怎样的人，也很了解我的兴趣喜好，我很容易就能想出几个与之相关的目标或梦想。

（B）我想到过一些古怪的目标，但要我去追求这些目标，我会觉得有点不好意思，又有点不确定。

（C）我对自己不太了解，导致我很难去发现自己独特的目标和梦想。

5. 你的自我肯定是否来自你人生中的各个层面，或是主要来自其中一两个领域（例如你的长相、你的事业成就，或你为人父母的角色）？

（A）我的自我肯定来自各种不同的大小事，无论是我会做好资源回收，还是朋友想再吃一盘我煮的泰式咖喱，都可以是我的自我肯定的来源。

（B）我85%以上的自我肯定来自其中两个领域。

（C）我85%以上的自我肯定都来自单一领域。

6. 你是否愿意忍受脆弱感？

（A）愿意，我追寻有意义的事物，即使过程中必须忍受会感到脆弱的时刻。

（B）忍受脆弱感对我来说很困难，我通常会避免陷入那些可能会让我感到脆弱的情况。

（C）只是听到"脆弱"这个词就让我很想逃跑。我致力于消灭这种压力和不舒服的感受。

以下是你的答案的解析。如果你的答案：

大部分是 A

虽然焦虑是你生活的一部分，但你不会因为焦虑而逃避你的目标和梦想。你很了解自己，你的目标就像一面镜子，反映了你是一个怎么样的人。你明白，去追求让生活更有意义的事物总会需要经历一些神经质和焦虑的阶段。

你相信自己有能力应对这种情况。你的自尊来自不同的层面，而不是只依附于你生活中的某一个范围。当生活中其中一个范围没有按照计划进行时，你的多元化能为你提供一些心理上的缓冲。你只要快速地浏览本章即可。

大部分是 B

你对自己追求目标和梦想的能力失去了信心，但还没有到让你停止追求所有目标的程度。当焦虑越是增加，你的生活将越趋萎缩。本章将帮助你了解这背后的心理机制，并让你学习如何扭转这种模式。

大部分是 C

避免焦虑已经成为你生活中的一个重点，而其他目标已经逐渐消失。你对自己失去了信心，并可能感到焦虑已经占据了你的生活。

本章将帮助你了解焦虑像雪球一样越滚越大的心理过程，并让你学习除了减少焦虑之外，如何去重新发现目标和梦想。

当人们花费越多的时间和精力来控制他们的焦虑，他们的精力就越容易被消耗殆尽。在本章中，我将解释为什么关注你的焦虑反而会使之严重。接着你将了解到，想要减少焦虑，你需要做的是去发现或重新找出对你而言重要的目标，而不只是去避免焦虑。我会告诉你如何重新与你的目标联系起来，并增加你的弹性。

让我们解开焦虑的心理机制，了解它为什么会像雪球一样越滚越大。

试图消除焦虑会造成更多的焦虑

当焦虑成为某人的一个主要问题时，通常是因为这个人已经陷入了一种无限延续的循环，在短期内为了减少焦虑所做的事情，长期下来反而导致焦虑加倍增长。让我来解释为什么会这样。

我们来谈谈恐慌发作的人。恐慌是如此令人不愉快，一个人理所当然会去避免可能引发恐慌的情况。他可能会开始避免做一些事，例如公开演讲或周末去商场。矛盾的是，当这个人越是避开特定情况，他对下一次恐慌发作的焦虑感就越强，于是开始有越来越多的情况会引发他的焦虑，而这个人也开始有越来越多想避免的事。接着问题开始像滚雪球一样，越滚越大。因焦虑而逃避事情，术语上称作"逃避因应"（avoidance coping）。这是导致焦虑增长和持续的主要机制之一。这也将是我们要反复讨论的主题，尤其是在第八章，我们将主要讨论如何克服逃避。

让我们看看另外一个例子：饮食障碍疾患担心体重增加，因此越吃越少。刚开始他们可能会避免吃奶油。这让他们暂时感觉好一点，但很快地，其他类型的食物也开始让他们焦虑，并担心会增加体重，于是他们也开始避开这些食物。这个循环持续着，最后他们可能只吃米果和芹菜条。避开的食物越多，他们对食物的焦虑也就越严重。当焦虑上升到一定程度，想到要吃正餐就会让他们感到害怕，这时他们通常会开始想说自己是不是疯了（是的，比起全球暖化，他们更担心酪梨的脂肪，即使是患有严重饮食障碍的人，也知道自己的担忧有点怪）。

"嘿，爱丽丝，这不是一本关于焦虑的书吗？你为什么要提到饮食障碍？"好问题。我提到饮食障碍，是因为表面上看起来完全不同的常见心理健康问题，通常具有相似的潜在心理机制，就连那些不一定被归类为焦虑的问题，例如饮食障碍和抑郁症，也大多相似。这也是为什么我可以自信地说，这本书中的建议，能广泛地适用于具有焦虑相关问题的人。

让我们再来看一个没那么严重的例子。想到要修理计算机和发电子邮件给会计，布里奇特就很焦虑，因此她请搭档史蒂夫帮她做这些事。焦虑时越依赖亲近的人帮忙，焦虑感就越有可能增长。随着时间的推移，他们会越来越感觉自己不称职，越来越怀疑自己没有能力去应对那些让他们焦虑的情况，接着有越来越多的情况会引发他们的自我怀疑，而与亲近之人的关系也可能因此受到影响。

人们经常会培养出某些惯例或习惯，试图用来掩盖他们的焦虑。无论是避免吃"不该吃的食物"，还是只去某些地方、只和某人一起做某些活动，甚至是洗手至少要洗几秒，都是一种试图掩盖焦虑的行为。同样地，这些惯例有助于在短期内缓解焦虑，但从长远来看，反而会增加焦虑，并且会消除自信心。不过好消息是，认知行为策略非常有效，尤其是在防止焦虑失控、逆转恶性循环方面。

自己贴上"有毛病"或"软弱"的标签

当焦虑变得严重时，本来自认"正常"或者至少"算是正常"的人，通常会开始怀疑自己是不是有毛病。如果你的焦虑已经造成了这种状况，先不要绝望。当人们陷在焦虑中进退两难时，就是会这样：你逃避那些让你感到焦虑的事情，但最终总会更加焦虑。唯有当你停止那些会增加焦虑的行为（这本书将会帮助你），你才会开始觉得你的心智再次属于你自己。

当人们的焦虑没那么严重时，他们要担心的就不是自己有没有毛病了。取而代之的是，他们常常会感到焦虑阻碍了自己的发展。而如果他们没有像想象中一样，在自己的目标上取得大幅度的进展，他们就会开始自我怀疑，认为自己根本就是个弱者或无能的人。有些人认为焦虑使他们变得破碎，而且不值得被爱。他们可能会质疑自己是否有能力与他人建立美好的关系，或质疑自己是否注定要遭到拒绝，并过着孤独的人生。

🌀 过度检视

除了"逃避因应"这种行为模式会导致焦虑像杂草一样不断丛生，"过度检视"也会。你是否曾经无法入睡？最后你看着时钟，计算着自己辗转反侧了多久。"我花了40分钟尝试入睡！"又过了一小时之后，你想着："现在两点了，距离起床上班我只剩下五小时。"时间一分一秒地过去，你的压力也越来越大。第二天，每当你打哈欠时，你就会对今晚的睡眠感到担心。最后，当你上床睡觉时，你对入睡的焦虑就变成了一种自我实现的预言。听起来很熟悉吗？

这就是当你过度检视某件事时，一定会发生的自然模式。

当一个人越是密切地检视自己的焦虑症状，他就会越有压力。当人们把减少焦虑当作主要任务时，他们通常会大量自我检视，想知道在某些特定时刻中他们有多么焦虑，或他们遇到了哪些会引发焦虑的情况。他们可能会一早醒来就立刻自问："我今天有多焦虑？"但整体来说，这往往会使他们的焦虑感变得更严重。

你是否也曾经有过这种情况，关注焦虑症状反而使之增加了？

人们有时认为，他们应该先减少焦虑，再开始考虑其他目标。然而，过度关注焦虑并没有帮助，因此这是个错误的方法。你首先需要做的是清楚地记住自己的目标，然后思考该如何在不被焦虑扰乱的情况下去追求目标。现在我们就来看看如何做到。

重新发现你的目标

这个小节是关于怎样与你最深层、最重要的目标联系起来。你的目标不必像是"变得很有钱，可以跟名人交朋友"，也不需要从任何一个无关紧要的人那里获得认可。你的目标应该是对你个人有意义的。

找到目标，让你在追求过程中，愿意忍受焦虑

　　你的焦虑如果很严重，可能会让你在生活中变得浑浑噩噩，焦虑问题可能会不断消耗你的精力，导致你没有办法去关注其他事情。这是可以理解的。但克服焦虑真正需要的，是向某些其他事情迈进，而不仅仅是远离焦虑而已，因此需要你去重新发现自己的目标。你需要找出一个能真正点燃你热情的目标，并且在追求这个目标的过程中，让你觉得值得去忍受随之而来的焦虑感。找到这种目标的过程是非常私人的。

　　实验　你是否能想到任何一件事物，让你想要得到它多过感到害怕？可以是任何东西，从投资房地产到开始慢跑都可以（有时焦虑的人会避免剧烈运动，因为运动的感觉与他们焦虑时的身体症状很像）。如果你现在无法想出任何事物，本章其余的部分或许可以激发你的思考，又或者你可能需要沉浸个几天来想出答案。

目标不需要很大，但要对你很重要

　　阅读商业和成功人士的书籍时，我常常感到很无力，因为这些书似乎是针对那些怀抱着远大目标的人。不应该去假设我们每个人

都想要成为大公司的总裁，或者都有那种信心和自我肯定，去实现
那些雄心壮志。试着去想想你个人独特的目标。你的目标不一定是
坐头等舱或开公司，而是你想要花一年的时间旅行、成为某个网站
的剧评、录制个人广播、写一本散文、去参加动漫博览会，或者去
当很有意义的志工。不要害怕认可你独特的个人目标，无论这些目
标看起来多么古怪（或传统）。

　　当你在思考目标的时候，要记得，雄心壮志并不一定就比没那
么具有野心的目标来得好。很多人一辈子只想去 30 个国家玩，不一
定要去到 200 个那么多。也有很多人宁愿经营小公司而不是大企业。
还有很多人只要买一间小房子就好，不必比他们所需的空间大上个
两倍。

　　就算你目前还没有任何计划来实现你的目标，你还是可以拥有
目标。例如，我的一个特殊目标是拜访谷歌，但并不是想去那里工
作，也不是要开一家像谷歌一样成功的公司，我只是想去拜访那里
而已。我本来也没有预期这个机会很快就出现。然而，当我的朋
友盖伊·温奇（Guy Winch）博士跟我说他将在谷歌的纽约园区
里进行新书演讲时，机会就来了。当下，我得决定自己是否有勇
气询问他，告诉他我想要一起去。我只有两种选择，一种是说出来，
另一种是向我的焦虑妥协——只因为太担心盖伊会觉得我的请求
很怪异或很冒昧。结果呢？我想去的愿望战胜了提出请求的焦虑

感。盖伊则说他很乐意让我去参加，而且当天的体验完全符合我的期待！

我常常很惊讶自己实现了多少古怪的目标。例如，我曾经和我最喜欢的百老汇女演员一起去星巴克。怎么做到的？在当时极度崇拜这位演员的状态之下，我开口问她，而她同意了。我至今仍然觉得当时很尴尬，但尽管如此尴尬，这可是我人生中最精彩的一件事！如果你有些目标端不上台面，让你感到尴尬，那也没关系。

实验 对你来说很重要的特殊目标是什么？这个小实验的目的只是要让你认可自己的目标。

意识到你的目标受限于自己的焦虑

正如前面所说，小目标和大目标一样有意义。然而在某些情况下，人们的目标会受限于他们的焦虑。重要的是要去察觉到什么时候会发生这种情况。自我价值感不稳固的人，可能会不敢设定太具野心的目标，因为他们担心别人会认为他们过度自信或过度自我。然而，设定太不具野心的目标，有时也会适得其反。例如，那些不敢拥有远大志向的人，最后可能会交差了事或工作效率很低，因为他们没有去想得更大更远，因而没有专注于去培养出伸缩自如的做事方式。

有时我们会设定较小的目标，因为我们"害怕成功"。当人们谈论对成功的恐惧时，他们谈论的通常是他们预期中会随着成功而来的焦虑感。你可以面对并克服这种恐惧，但首先你要确定你真正焦虑的是什么。

实验　你是否有一个感兴趣的目标，但焦虑导致你选择了比原本更小的目标？你是否能具体地说出你所担心的是什么？例如，你可能担心成功意味着你会被淹没在信件之中，并且社交需求也大幅增加。你可能担心你失去自己的时间，无法再感到生活平衡。你该怎么克服这种恐惧呢？举例来说，如果更大的成功意味着处理不完的信件，你可以做些什么来应对？

如果你不再害怕成功，你会设定哪些更大的目标？

敞开心胸接受机会

实现个人梦想并不总是因为对目标不懈地追求。有时你需要对生活敞开心胸，就能实现梦想。如果你因为焦虑感而限制了自己的生活，那么你就会错过意外实现目标的机会。举一个例子来说：我有个朋友很想要见到作家马尔科姆·格拉德威尔（Malcolm

Gladwell）。在她这辈子最想见到的人之中，他几乎是排在前几名。她从新西兰来到纽约市，结果在咖啡厅里，发现自己就坐在他的对面。这是一个令人难以置信的幸运巧合，但如果她坐在新西兰的家中，而不是坐在纽约西村，这件事就不会发生了。

实验　你是否曾经因为天时地利而达成目标或梦想？你是否曾注意到，当你只关注你的焦虑时，你所能碰到的机遇就变少了？

拥抱你的天性

正如我们在前一章中所讨论的，无论你喜不喜欢寻求刺激，这都是自然的，并且和你的人格密切相关。如果你的目标很少，可能是你对于新奇和刺激体验没有那么强的偏好，而不是你缺乏目标。就算你一直在想新的目标，那也没什么不好，表示你对新奇和刺激的需求是迫切的。

设定能增加弹性的目标

建立弹性是一种防止因焦虑而脱轨的方法。弹性是指你面对压力和挑战时所拥有的力量和方法。你在本书中学到的所有技能，都将帮助你提高弹性。

以下我将分享两种提高弹性的方法，来因应你所选择的目标类型。

追求意义，而不是幸福

感觉幸福就像感觉温暖一样，都是一种感觉很好的状态。这听起来可能并不直观，但直接关注如何追求幸福，并不一定是增加幸福感受的最佳方法，就像关注焦虑并不一定是减少焦虑最好的方法。

那么还有什么方法可以增添幸福感？有一个更好的主意，那就是专注于追求有意义的事物。我并不是建议你一定要从事"特里莎修女式"的那种活动。带给你意义的可以是任何事情，无论是为你的朋友做饭，还是在你的车库里慢慢地做点事情。

感到不快乐时，去追求意义而不是一味地追求幸福，才能帮助你感到更加平静。这么做可以纾解情绪上的碰撞，那些随着错误、失败和失望而来的情绪都会得到缓和。有研究显示，唯有当你认为压力是有害的，进而无法应对压力时，压力才是真正有害的。如果压力是建构在大局之上，让你的生活充满意义，那么你就更能相信自己是有能力应对压力的。

`实验` 对你而言，什么会让你的生活有意义？不要回答你认为"应该"回答的答案，要找那些真的对你来说有意义的事物。

让你的自我肯定来源多样化

另一种能提升弹性的方法，就是让你的自我肯定来源多样化。就像把所有的资金都投在单一股票上是有风险的，将所有象征"自尊"的鸡蛋放在同一个篮子里，对你的心理健康也会造成风险。假如你的自我肯定几乎完全来自你拥有的事业成就、平坦的小腹、一个很帅的男友或很美的女友，一旦你的职业生涯发展卡壳、体重增加，或者你的伴侣甩了你，那么你就会面临更大的心理危机。如果你的自我肯定来源不是只维系于一个或两个领域，你就不会感到那么焦虑。

`实验` 自我肯定包含有自我价值感和有能力的感受。例如，自我价值的来源可能包括爱人和被爱、能让别人感到自在，或是你能为社会、你的领域或你所处的群体做出积极的贡献。而有能力的感受可能来自你擅长计算机工作、可以做一顿十人份的晚餐，或能够按时支付账单。尝试找出三个自我价值的来源和三件你能胜任的事。这个实验的目标是让你辨认出那些被你低估的领域。

你的目标将成为你的指南针

　　既然你已经读完了这一章，你的目标列表上，有哪些是你想要达成多过害怕尝试的呢？即便感到焦虑和脆弱，但你仍愿意追求的又是什么呢？你在本章中辨识出的目标，就是你接下来阅读本书时的指南针。当你阅读其他章节时，这些目标将为你提供方向感。阅读时，要记得你正在追求的是对你个人有意义的目标，在深刻的情感层面上值得你去追求，即使追求这些目标的过程会让焦虑的情绪浮现。现在已经确立了基础和方向，我们就要开始讨论特定的焦虑陷阱。首先要讨论的是，从思考到开始行动之前的过度犹豫。

PART
TWO

你的焦虑工具包：

克服你的瓶颈

Your Anxiety Toolkit:

Overcoming Your Stuck Points

第四章　犹豫：如何停止在你想做的事面前退缩

许多焦虑的人在他们真的很想尝试某事之前，会陷入思考状态。这和推迟不想做的事情不一样，我们将在第八章介绍何谓推迟。本章将帮助你更轻松地从思考模式切换到行动模式。

先进行以下测验，看看本章的内容会与你有什么样的关联。选择你认为最适合的答案。如果没有答案是适合的，就选择一个最接近的答案。

1. 当你阅读商业或个人成长类书籍并发现书中内容很有价值时，你有多大概率会去实践至少一种所读到的策略？
   （A）总是或几乎总是会去实践（至少75％的状况下会去实践）。
   （B）50％至75％。

（C）我收藏的自助类书籍大多只是用来装饰的。不到 50% 的状况下会去实践。

（D）我不会去阅读商业或个人成长类书籍（或博客）。

2. 上一次尝试新事物时，你在尝试之前考虑了多久？

（A）不到几周。我想得够久，足以确保这个尝试是有意义的，但还不到会耽误行动的地步。

（B）几周到几个月。

（C）好几个月。

（D）在采取行动之前我不会有所停顿。我是那种不假思索的人。

3. 当一个大好机会出现时，你通常会怎么做？

（A）我会想："我和那些已经在这个领域取得成功的人拥有类似的技能，这是一个好预兆，我也能够成功。"

（B）选项 A 和选项 C 的综合。

（C）自己为行动设下一个阻碍。例如我暗自揣度"他们可能有其他人选"，却不知道事实上到底是不是这样。

（D）正如前面说的，我是那种不假思索的人。

4. 你成功与失败的比例是多少？

（A）我尝试的事情，有 50% 到 70% 是成功的。

（B）我尝试的事情，有 71% 到 99% 是成功的。

（C）我尝试的事情，100％是成功的。

（D）我尝试的事情，不到50％会成功。

5. 当你想到那些你尝试过却没有成功的事情时，你感觉如何？

（A）我感觉还可以。我专注于在重要领域获得成果，而不是追求从头到尾都要有完美的表现。就算失败了，也是在学习。我的自尊是经得起打击的。

（B）当我的表现不如预期时，我感到尴尬和困扰。

（C）我很怀疑自己有取得成功的能力。

（D）我会把责任归咎于其他人。

6. 以下六件事中，有几件是与你相符的？

- 我有拖延的倾向，就算是我喜欢的事情也会拖延。

- 我会逃避某些重要的事情。

- 我会过度地反复确认。

- 我经常需要他人一再保证，让别人感到很厌烦。

- 我不太会去尝试事物。

- 我无止境地找资料。

（A）都没有。

（B）一到两项。

（C）三到六项。

（D）我和文中所描述的人相反。

以下是你答案的解析。如果你的答案：

大部分是 A

你愿意采取行动，并且不会花很多时间犹豫。你经历了一些失败，表明你愿意通过实践来学习，这是最好和最快的学习方式之一。你可以很轻松地浏览这一章。

大部分是 B

你并没有一直处于停顿状态，但是你有犹豫不决的倾向。如果你可以训练自己尽快采取行动，你就可能拥有比你所预想的还要大的成功能力。本章中的策略将帮助你辨别，什么时候可以比平时更迅速地采取行动，而不会产生任何重大的负面影响。了解采取行动与做决定时的思维过程，对你很有帮助。本章会帮助你了解这些过程。

大部分是 C

如果你的答案主要是 C，那么本章正是为你所写的。你害怕失败。你可能有一种焦虑特征叫作"无法忍受不确定感"，也就是你会倾向于避免采取行动，直到你能够百分之百肯定通往成功的道路是什么。你可能会发现自己一直停留在一个计划的研究阶段。你会考虑许多想法，却不去尝试任何一个，因为你没有足够的确定感去付诸行动。试试本章中的建议，让你的答案能够从 C

变成 A。

在行动之前停顿太久应该不是你的问题之一。事实上，在采取行动之前，你更可能倾向于考虑不周。与其他章节不同，本章与你的关联程度较低，但焦虑与冲动并不相斥，因此阅读本章仍然会有帮助。通过阅读本章，你可以了解核心焦虑概念，我们将在后面的章节中对这个概念进一步讨论。

周到、谨慎和内省都有其优点，然而，有时候当一只野兔而非乌龟也是有好处的。本章将帮助你了解为什么焦虑和犹豫经常同时存在，以及这背后的心理机制。这些机制包括你会去高估自己行为导致负面情况的可能性，将失败灾难化，在让你有不确定感的情况面前停滞不前或逃跑。

调整思维以克服犹豫

在本节中，你将进行思考实验，让你的想法更加平衡和灵活，有助于你更有动力地去进行行为转变。要记得，你不需要做所有实验，只需要挑出感兴趣的实验进行即可。

接受这个想法：你的行为也可能产生正向的结果

你在考虑把墙壁漆成白色或乳白以外的颜色。你焦虑的心情让你正做出一个负面的预测，你认为自己可能会讨厌这个颜色，并会因浪费时间和金钱而想要痛打自己。但还有另一个可能，你会喜欢这面墙，或者至少还挺喜欢的，这面墙的颜色会让你有信心去尝试其他新的想法。

预设自己的行为会产生负面结果，这种倾向是焦虑问题的核心。如果能适时察觉到自己正在做出负面预测，并接受其他可能，你就可能会减轻大部分的焦虑。虽然这本书中有很多信息，但掌握这一项简单的原则，将使你在解决焦虑的路上迈进一大步。要时时注意这个观念。

每当你感到焦虑时，就把这种感觉当作你的提示，练习厘清负面的预测和与之相反的可能。试着让自己也设想最好的结果，而不只是最坏的结果。你不需要做到完全消除恐惧，只需要以平衡的方式去兼顾不同的可能性。

实验　对于你想采取的行动，试着厘清你所害怕的负面结果，以及另外一种可能的结果，就像油漆墙壁的例子那样。如果你经常练习这个技巧，它就会开始成为一种习惯。

你所害怕的负面结果：_____

另一种可能的结果：_____

重要的是：当你试图改变自己的想法时，先选出一个你想要强化的新思维是很重要的。"改变想法"就如同改变习惯一样：当你试图改变一个习惯时，与其去"打破"一个旧习惯，不如去建立和加强一个新的习惯。当你练习接受一个新想法，这个新想法最终会开始自动出现。过去会触发你旧思维的那些情境，现在也会触发你的新想法。

在不确定的情况下行动也有其价值

焦虑和不确定感并不一定表示你会陷入瓶颈。如果你目前正陷入瓶颈，并且已经好一段时间没有前进，采取一些行动就会比毫无作为更好。当你能够认识到在不确定的情况下行动也有其价值时，就能帮助你的大脑去将那些不确定的情况解释为比较积极或没那么可怕的状态，而不只是让你脑中的警铃大作。以下是一个思维实验，目的是帮助你认识到行动的价值，即使你不能百分之百确定结果会是什么，也不确定更进一步的最佳途径是什么。

`实验` 在什么情况下，就算无法百分之百成功，做出行动也是最好的选择？举例来说，递交一项补助申请需要花四小时来准备。你评估后认为顺利获得补助的可能性只有10%，但如果你成功申请到的话，就会拿到5000美元。或者，去尝试某个每月缴50美元的服务，许多你信任的人都很推荐。又或是，花100美元购买油漆和油漆工具，看看你会不会喜欢房间的新颜色，毕竟多年来你一直很想换掉白色的墙壁。试着想出三个你自己的例子。如果你觉得想出三个例子很困难，那么只想出一个例子就好。记得，你可以根据自己的需求来调整这些说明。

了解不行动所带来的坏处

无法忍受不确定感的人，往往会非常努力地避免伤害。换句话说，就好像在玩圈圈游戏时，他们会略过更多个圈圈来避免被罚一块钱，而不是赢得一块钱。如果你可以开始更仔细地想想不采取行动会带来什么样的坏处，你就更能运用你内在的动力。当然，你也许会想到所有潜在的损失、成本和行动的风险，但不采取行动也一样有成本、风险和潜在损失吧？通过思考以下问题，把注意力集中在犹豫不决所付出的代价上。

`实验` 这些问题聚焦于过去你犹豫不决时所付出的那些代价。我写了一些范例，帮助激发你的想法。试着写下你自己的例子，每个问题写下一个。你的例子越具体精确越好，但不要对自己过去的错误过于苛刻。

问题	答案范例
1. 犹豫不决浪费了你多少时间和精力？	你估计自己一周花了大约四小时去思索那些你本来可以做出的决定。（可以的话，我希望每个例子都有一个确切的数字或一个估计的数字，让例子更加具体和客观。）
2. 比起问题 1 中的情况，你更希望将时间和精力花费在什么事情上？	多睡一点，在沙发上放松一下，看看电视。（嘿，无论你如何放松，都是可以的。）
3. 因为犹豫不决，你过去错过了哪些机会？	两年前，你曾考虑购买房子作为投资。最后，你无法下定决心，而那时房子又涨了 5 万美元。（注意，我再次加上了数字，让这件事更加具体和客观。）
4. 拖延或避免采取行动，在你的人际关系方面有没有让你付出任何代价？	• 你的朋友对你有点失望，因为你说想在常去的餐厅里点一些不同的菜色，最后却还是点了一样的东西。 • 你的伴侣也对你有点疲乏，因为你在做决定之前总是犹豫很久。

续表

问题	答案范例
5. 你有没有发现你越是避免采取行动，就变得越没有自信，并且更加害怕失败？（提示：你变得更加害怕失败的一个指标，就是你的完美主义随着时间的推移变得越来越严重。）	你记得自己过去比现在更有自信去交朋友。
6. 当你陷入不行动的模式时，你错失了哪些能从行动中得到的机会？	你当年推迟了投资股市的时机。现在你已经40多岁，并有大笔资金可以运用，但你没有任何直接投资的经验。之前你可用的金额较少时，可以通过练习来获得投资体验。

质疑"失败 = 灾难"这种想法

有时候当你预测自己会得到负面结果时，那个预测就会成真。然而事实上，绝大多数的失败并不是灾难。当失败会导致真正的灾难时（例如，你投资了10万美元），你的确有很好的理由去谨慎行事。但是，如果你能够区分这种较为严重的情况和非关键性的失败与错误，你将能体验到更多的成功。

实验　想出一件会被你焦虑的情绪认定为"将是一场灾难"的

事。可能的例子包括被拒绝、得到负面评价、表现不佳或者投入了少量资金但没有回报。在你认为是"灾难性失败"的事件上，试着生出一个你想加强的替代性想法。例如：

旧思维："尝试去做了某事，却因为这件事最终可能会搞砸而感到很后悔。"

新想法："尝试去做了某事，并因为这件事的结果可能会使你失望，而感到颇为后悔，但还是愿意忍受。"

质疑"当我尝试了某件事情却失败了，我无法面对"这种想法

这种思维转变与前面所讨论的有点相似，但略有不同。许多人低估了自己的能力，认为自己无法面对尝试了某事却失败的状况。焦虑的人经常担心自己以后会对做出的决定感到后悔，并且很难去处理随之而来的情绪。想要解决这个问题，往往只需要意识到，你其实可以面对错误、挫折和失望。

例如，看看奥运选手，你就可以了解到人们是有能力应对失败的。先说好，为了说明论点，接下来我会有点直接。虽然所有的奥运项目中，只有一人最后能获得金牌，但其余的人并没有都去自杀或者借酒消愁。奥运选手可说是地球上最需要竞争也最需要吃苦的一群人，他们在自己身上投入大量心血，但如果没有实现拿到金牌的梦想，

他们也还是能够面对失败并继续前进，因为这不表示他们所有的训练都白费了。他们能够在这个过程中获得经验，锻炼心理素质（坚忍、精确、奉献等等），这些都意味着他们没有白费力气。

实验　想想你过去的例子，当时你成功应对因失败和错误而产生的情绪，像是尴尬、失望、悲伤和沮丧等。举例来说，你被甩了，一开始你无法想象自己也有走出来的一天，但现在你的确走出来了。

提示：如果你想起了自己最初应对得很糟糕，并且陷进了这些回想，那就自问你之后做了些什么。你最终是如何将自己拉出困境的？有时候答案只是你继续过生活，并且随着时间流逝，就渡过难关了。

从积极的方面来说，当你尝试了某些事物却没有得到希望的结果，而你能清楚地看到自己是有能力去应对这种状况的，这就能给予你尝试做出决定的力量。

质疑"失败 = 永远不会成功"这种想法

焦虑会让人们用"非此即彼"的二分法来思考。一个常见的例子就是，把成功和失败视为仅有的两种潜在结果，而看不到通往成功的曲折道路上包括了许多失败点。想要克服过度犹豫，就要学会将失败视为通往最终成功的部分途径。

要提高对失败的容忍度，你需要所谓的"成长心态"（growth mindset）。成长心态意味着你相信通过正确的练习，就能提升自己的能力。与成长心态不同的另一种思维方式是"固定心态"（fixed mindset）。如果你是一个固定心态的人，就表示你认为你的能力是固定的。有固定心态的人非常害怕失败，因为他们都认为自己无法变得更好。有许多研究表明，成长心态的人比固定心态的人更容易获得成功。好消息是，人们可以成功地从固定心态转变为成长心态。

实验 尝试进行以下思想练习，开始转向成长心态。

1. 你是否有过"一开始失败，最后却成功"的经验？举出一个例子。

2. 找出一个会让你有固定心态的领域。这或许是一种你认为对你的成功来说至关重要的技能或能力，但自己在这方面没有预期中那么好，而且你认为这种技能或能力是固定不变的。

3. 找出一种你想要加强的新的成长心态。例如，你原本的固定心态可能是"我不擅长谈判"，而你新的心态可能是"我可以找到一些适合我性格和价值观的方式来练习提升谈判能力"。

旧思维：_____

新想法：_____

质疑"只有输家才会失败"这种想法

焦虑完美主义者有时对于失败会有错误的想法，认为只有输家才会失败。如果你有这种思考偏见，请尝试以下思维实验：

实验　想出一个你很钦佩的成功人士。可以是任何人，从名嘴奥普拉到你真正认识的人都可以。

这个人在他平时很成功的领域中，遭遇了什么样的失败？你很钦佩的企业家是否做了一些不好的投资？你最喜欢的演员是否演出了一部票房失利的电影？你最喜欢的音乐人是否有一张表现不如预期的专辑？

你也许能轻而易举地想出一些失败的案例，或者你需要上网做些查询、读一本关于这个人的传记。这些例子一定要与这个人最成功的领域相关。相较于一位演员开餐厅倒闭，一位名厨开餐厅失利与这个题目更相关。

在你完成这个思维实验之后，问问你自己："比起'只有输家才会失败'，有没有另外一种想法是比较符合现实也比较不苛刻的？"

另一种做法：去找一些指导人士（你实际认识的人），并询问他们失败的例子。问问他们从经验中学到了什么，也可以问他们是否知道在你这个领域中，有哪些杰出人士曾经失败的案例。相较于谈论自己的失败，他们可能更愿意提供这些信息。

相信你的直觉

直觉可以提供给你很有用的讯息，让你知道什么时候该开始行动，什么时候应该说"不"。然而，"相信你的直觉"也可能会让容易焦虑的人非常困惑，因为他们很难区分直觉和焦虑症状。如果学会在做决定时辨别出自己身上常见的焦虑模式，你就可以把这些模式和你的直觉区分开来。

举例来说，每当你要预订国际机票时，你就会觉得身体不舒服，但只要你按下"确认购买"后，你就感觉没事了。如果你能够辨认出自己这一系列的情绪反应是一种反复出现的模式，你就会发现在这些情况下，你身体的焦虑症状通常只是错误的警报，并不一定表示你正在做的这件事情是错的。

那么当你处于这种情况时，你该如何辨识出你的直觉，并告诉自己应该采取行动？对你来说，那种能够推动你"行动"和"好"的直觉，又是一种什么样的感觉？对我来说，"行动"的直觉通常会让我感到有点刺激和兴奋，再加上一些焦虑感（当我决定做一些新的事情时，几乎都会有焦虑感）。多多去关注当你的直觉说"好"的时候，你的思维和身体会有些什么样的反应。

当然，你也要注意你的直觉何时明确地告诉你"停下来，有些事情不太对劲"。有些直觉会让你停止当下作为，让你一直以来遵循着保守的途径，却有违你的热情和主要优势。其实"不太对劲"的直觉也可能是在告诉你，事情并不一定适用于你。在求证的过程中，千万不要埋没你的本能。

当你开始关注你的直觉，就会注意到这些直觉与你"被恐惧冻结"和"分析瘫痪"的感觉完全不同。这些直觉会告诉你应该采取哪些行动。

实验　在你阅读本书时，就要开始去区分你一般的焦虑模式与直觉，这些直觉可能会带给你某些特定情况中的正确讯息。

转变行为以克服过度犹豫

到目前为止，我们一直在关注如何调整思维来帮助改变行为。改变思维固然重要，但这只是其中一部分。人们通常很容易就能识别出思维和感受的变化如何导致行为改变，例如"我有更多精力时，就会做更多运动"或"当我有更多想法时，就会采取更多行动"。然而，人们通常也低估了行为的变化会如何影响思维和感受，例如"我只要多运动，就会有更多精力"或"当我更常采取行动，就会产生更多想法"。不要误以为你必须等到想法改变之后才能去尝试改变行为。心理和行为的转变是齐头并进的。当你开始改变行为（即使是微小的行为），你就会察觉到各式各样的想法也都开始发生变化了，甚至包括你对自己的看法。试着改变你的行为，别总是干等着想法改变后才去行动，这是你减少焦虑的最好和最快的方法之一，也是为什么认知行为疗法要同时关注思维和行为。

本节中我们所要讨论的行为转变，可以帮助你在行动和思考之间取得更好的平衡，但首先让我们看看可以帮助你减少焦虑情绪的一些方法，无论你焦虑的原因是什么，这些方法都适用。

立即减少焦虑

立即减轻焦虑感最好的方法是减缓呼吸。当你因为焦虑而感到身体过度激动，或者当你的思绪飞驰或凝结时，尝试减缓呼吸，这能自动降低你的心率，你就会感到比较平静。这是一个生理事实，也是唯一百分之百保证有用的方法，而且效果几乎是实时的。

以下是一些能减缓呼吸的小技巧：

1. 在尝试减缓呼吸之前，先放松肩膀，这会让放慢呼吸变得更容易。此外，要专注于呼吸的速度而不是深度。

2. 如果你的身体有一些较为紧绷的区域，例如你的脖子和肩膀都很紧绷，就想象你正在将新鲜空气吸进这些区域。这并没有什么科学根据，但很多人喜欢这种想象方法。

3. 我最喜欢教大家的减缓呼吸的方法，是使用一种免费的智能手机应用程序来测量心率（请参考：TheAnxietyToolkit.com/resources）。这种应用程序的使用方法，是将手指放在手机的相机镜头上，相机会通过检测手指血液流动的微小变化来获取你的脉搏。你可以在手机上查看心率，看看是否趋缓。要注意，吸气时的心率自然会比吐气时的快一些。

决定你要在何时何地展开行动

焦虑的人通常会去预设最坏的情况，所以他们通常倾向于认为唯有通过大量努力，才有可能改变结果。然而，在心理学的研究中，有许许多多取得巨大进展的案例，是因为在关键决策点上做出了微小的转变而实现的。有一个这样的案例：

决定好你要在什么时间和什么地点去做某事，将大大地提高你完成这件事的可能性。让我们来看一个特定研究的结果。很多心理学研究都将心理系学生当作白老鼠来观察，这个实验就是观察学生写报告的行为。实验把要写报告的学生分成两组。一组被要求事先说明他们准备在何时何地完成这份报告。最后，这一组学生中，有71%的人在截止日期前完成了报告。另一组只被要求上报最终完成日期，但没有被要求事先说明报告撰写的具体时间和地点。最后，这一组只有32%的人按时完成了作业。这种极其简单迅速的干预方式，将任务结果从大多数人都会失败，转变为大多数人都会成功。

若想要在你自己的生活中实现这种变化，那么每当你计划采取行动时，都要先确定好采取行动的时间和地点。养成这样的习惯，每一次都要这么做。

给予自己成功的经验

想想这种情况：有孩子在超市问妈妈能不能买一包 M&M's（玛氏）巧克力豆，如果妈妈偶尔答应的话，这个孩子就会有动力再次尝试提出这个要求。这种模式被称为"间歇增强"。

"间歇增强"意即有时会获得奖励，但无法预测你何时会得分、何时会被判出局。间歇增强使得行为被迅速养成，并且能持久进行——去问问经常被吵着要买糖果的妈妈就知道了。你也可以从买彩券并且偶尔中奖的人身上看到这种间歇增强的原则。中奖为他们提供了大量的多巴胺，让他们将注意力集中在赢得大奖的可能性上，并且强化了他们持续购买彩券的"努力"。

很重要的是，即使只是间歇增强，也就是说，你只是有时候会成功，也会让你的行为更具弹性，你就不太会放弃。因此，当你尝试某件事时，一开始先专注于获得一些成果。例如你希望获得生意上的成功，就先去找到几个客户、成交个几次，或者让一些客户接受你的推销。在将你的定价结构、网站或宣传素材等都制作得很完美之前，先关注这些事情，让自己先尝到成功的滋味。

融入那些已经深耕与你同样领域的人

对于经常犹豫不决的人，我最喜欢告诉他们的成功秘诀，就是定期去和某些人互动，这些人已经成功完成了你想做的事情。为什么这可以帮助你减轻像乌龟一样退缩的倾向呢？情绪、思考和行为都具有"社会传染性"。因此，如果你让自己融入这些已经深耕与你同样领域的人，他们已经完成了你所需要采取的行动，这些人就可能影响你，你也就更有可能采取行动。

另一个要与同领域成功的人互动的关键原因是，许多能够帮助你成功的关键信息，并不一定会被分享在书籍或其他公开讨论中。这些讯息很可能是一个人传给另一个人的。跟已经成功的人交流，你才能了解这些内行人的秘诀。

练习忍受不确定感

当你没办法百分之百确定会成功，就去寻找你可以尝试采取行动的机会。在接下来的时间里慢慢去寻找，机会就会出现。你从经验中学到的东西越多，你就越容易做到，也会越来越自然而然地采取行动。当带有不确定感的机会出现时，就找出一些采取行动可能会有的好处：

- 结果也有可能会还不错。
- 如果结果不如预期，我就可以确认当初的点子行不通，从而使我的思考继续向前发展。
- 行动之后就再也不用左思右想了。

练习别那么犹豫

找一些小方法来练习比平时少一些犹豫。日积月累，这将有助于提高你心理的灵活度：你会更容易选择究竟是要沉淀一下再决定，还是要迅速做出决定、展开行动，然后继续前进。你将开始从经验中学习，更快地摆脱沉浸在思考中的模式，避免遭遇灾难性的失败。举例来说，如果你常常延误一些其实不错的投资，就为自己制定一些能更快做出决策的标准，像是要求自己购买 50 美元以下的物品时，最多考虑 48 小时。根据你的情况和偏好选择适合你的标准。

第五章　反刍思考：如何解开思维的结

焦虑常常导致两种类型的过度思考：反刍（在心中重复播放已经发生过的事——无论是近期还是许久以前的事件）和担忧（担心将来会发生什么事）。本章将帮助你学会在陷入这些焦虑陷阱时如何有效应对。

先进行以下测验，看看本章的内容会与你有什么样的关联。选择你认为最适合的答案。如果没有答案是适合的，就选择一个最接近的答案。

1. 你有多常发现自己在心中回放最近的对话（包括电子邮件、短信等）？

（A）从来没有或很少。

（B）有时候，但不到每周一次。

（C）至少每周一次。

2. 你有多常发现自己在心中回放许久之前发生的负面事件（发生在几个月前或几年前的事情）？

　　（A）从来没有或很少。

　　（B）有时候，但不到两周一次。

　　（C）至少每两周就有一次。

3. 你是否曾因焦虑而感到身体不适？

　　（A）没有或极少。

　　（B）在人生过渡期（例如开始一份新工作的时候）会，但平常不会。

　　（C）每个月都会有一次，或更经常。

4. 当你熬过一个高风险的情境（例如进行了一场重要演讲、试镜或面试），并且发现结果不如你的预期，你会怎么做？

　　（A）计划下一次我该如何进行小幅调整。

　　（B）喝杯葡萄酒并试图忘记这件事。

　　（C）花好几周的时间思索自己当时应该可以做得更好，并担心别人是如何看待我的。

5. 当你想到自己的弱点时，你会如何反应？

（A）了解弱点是人类普遍经验的一部分。

（B）希望没有人会注意到我的缺点。

（C）花好几小时担心我的弱点会使我无法获得我所渴望的成功和幸福。

6. 当你发现自己犯了重大错误时，你会怎么做？

（A）修正并继续前进。

（B）采取适当的修正措施，但为此失眠好几夜。

（C）感到压力很大，而且会因为太焦虑而裹足不前，导致我时常无法采取修正措施。

以下是你答案的解析。如果你的答案：

大部分是 A

反刍思考并不是你主要的问题。当你发现可以改进的方法时，你会制订出明确的计划，知道自己要在什么时间、在哪些方面改进自己的想法。你可以快速翻阅这一章，不过本章中多少还是会有一些对你来说有用的观点。

大部分是 B

反刍思考是你偶尔会遇到的问题。当发生令人沮丧的事情时，学习应对策略能帮助你感到更放松。虽然反刍和担忧并没有消耗你生活中全部的精力，但这些感受还是不怎么令人愉快。你可以学习一些简单的技巧，并将这些技巧保存在你的工具包里，以备不时之需。

大部分是 C

你经常陷入反刍思考的旋涡。你反复思索许多你应该做得更好的方法，却没有去计划要如何实践这些想法。反刍和担忧会阻碍好点子的产生，也会妨碍你去解决问题。本章的策略将帮助你大幅减少反刍和担忧的时间，并帮助你做出更有效的选择。

信不信由你，心理学家有一个术语来描述喜欢想很多的人。这种特质被称为"认知需求"，指的是那些热衷于努力思考的人很有动力去尝试理解事物，并且会去理出事情的头绪。因为你正在读这本关于了解自己和自己想法的书，你很有可能属于这一类人。

在大多数情况下，认知需求度高会让你有其他正向的特质，如兼容并蓄、较高的自我肯定和较弱的社交焦虑。但一些过度思考的特质，特别是反刍思考和担忧，可能会与无法接纳新想法和心理健康状况不佳有关。本章正是要针对无益的过度思考来帮助你，目的是让你有能力进行有用的自我反思和其他类型的深刻思考，并且能从中受益，而不会纠结在担忧和自我批判之中。

思维转向负面的反刍和担忧

焦虑和反刍思考会形成一个相互回馈的循环，其中一个引发另外一个。接下来你将学会分辨自己是否已经陷入反刍思考，如此一来便能中断这个循环。我们也会一起进行一些非常简单的正念思考练习，你可以运用这些练习来培养出更加通畅的头脑。

分辨自己何时陷入反刍

想要减少反刍思考，你首先需要学会辨识它。小事情也可能让你反刍：

我为什么在下高速公路后的第一个加油站就花了 4.2 美元加油呢？我明明再往前开个半英里，就可以只花 3.6 美元加油了。我真不该这么蠢。我应该知道靠近高速公路出口的加油站比城里的其他加油站还要贵。为什么看到一堆人在那里加油我就被吸引过去了？为什么大家都要排队付这么多钱加油呢？我们是一群肥羊吗？

沉思也可能是更加沉重的自我批判：

　　我是怎么回事？我明明有这些梦想，却没能让梦想成真。我只是一时昏头吗？也许我没有那么渴望梦想成真？我的人生只是一场大骗局吗？

　　反刍有时有点像是做白日梦，因为人们经常沉浸在反复思考中，却没有意识到自己正在这么做。尝试以下这个实验，提高你辨识反刍思考的能力。

　　`实验` 记下你经常反刍思考的主题。参考以下内容进行联想，或者直接填写空白之处即可：

- 在生活中，与实力强的人交谈之后，你会在脑中重复播放当时的情境。例如，回放与＿＿＿＿＿＿（写下人名）的对话，电子邮件内容也算。
- 回放过去失败经历的记忆，例如＿＿＿＿＿＿＿＿＿＿。
- 思索自己不如期望中完美的地方。例如，思考着你在＿＿＿＿＿＿＿＿＿＿＿＿＿＿＿这件事上没有你想象中那么厉害。
- 思考你应该做得更好的事情，例如＿＿＿＿＿＿＿＿＿＿。
- 想着自己是否太过失败，永远不会获得成功和幸福。
- 回放你所犯的小错误，例如＿＿＿＿＿＿＿＿＿＿＿。
- 想着你没有采取的途径，例如＿＿＿＿＿＿＿＿＿＿。

如果你想到更多类型或例子，稍后也可以加上去。这个初步练习的目的不是要改变你的反刍行为，而是为了帮助你了解你可以察觉哪些事情。

察觉记忆偏误

当人们感到焦虑时，他们往往会对事件产生记忆偏误（memory bias）。例如，布赖恩自顾自地相信他搞砸了一次升迁面谈，因为他一遍又一遍地回想着他当时应该要说些什么，却没办法轻易想起自己当时回答得很好的那一部分。他不断地在脑海中重新审视面试官模棱两可的暗示，比如说似乎很想快点问完问题，却不太容易想起面试官给予的肯定。

另一个例子是，我的一个朋友之前常常自顾自地相信她每次参加考试都会失败。她会反复思考那些她不知道的答案，却不会回想起她回答正确的题目。当你反复思考时，很重要的一点是：不要相信你的记忆。你可能正在反刍一些虚构的或至少是被你放大的东西。反刍别人看待你的方式也是如此，你可能只是根据有记忆偏误的你们之间的交流来胡乱推测而已。

实验 你目前是否有任何正在反刍的事件，其中可能有记忆偏误？如果你现在无法想到任何事件，那么就在遇到相关问题时再回到这个实验来。请回答以下问题：

1. 你的反刍思考告诉了你些什么？

2. 有哪些客观信息能佐证你的反刍是否正确？例如，我那位一直坚信自己考试会失败的朋友其实从来没有真的失败过。

3. 在你的回忆中，他人对你的看法是否更苛刻，或者你的表现是否比实际上更糟糕？

分辨担忧 / 反刍与有效解决问题有何不同

如果你很聪明，而且你一直因为你的思考能力而受到奖励，那么你当然会合理地认为唯有通过思考才能摆脱情绪上的痛苦。然而，由于焦虑会使思维变得消极、狭隘和僵化，当你感到高度焦虑时，就很难想出变通办法来解决问题。忧心忡忡的人往往更会认为担忧能帮助他们做出更正确的决定。其实，反刍和担忧不仅通常无法帮你解决问题，还会让你很难看到问题的全貌。

你是否认为那些担心患上癌症的人更有可能会去做自我检查、记下痣的位置或让饮食更健康？根据研究，情况恰恰相反。担忧和反刍思考的人通常会等待更久才采取行动。例如，一项研究显示，在注意到乳房肿块后，容易反刍思考的女性平均要到 39 天后才会去寻求帮助。这是一个很可怕的现象。

　　思考一下就会知道，担忧往往是来自对自己应对情况的能力缺乏信心。这里有一个例子：那些一直很担心硬盘坏掉的科技恐惧者，通常也会很害怕自己在试图备份时会不小心删光所有档案。因此，担忧往往无法有效地解决问题。根据我对一些科技恐惧反刍者的诊治经验，他们通常不会备份他们的计算机！

　　实验　若要确认自己的反刍思考和担忧是否能导向有益的行动，试着追踪一下你一周里总共花了多少时间来反刍思考和担忧。如果追踪一周太难达成的话，你也可以尝试追踪两天就好，一个平日和一个假日。当你发现自己正在反刍思考或担忧时，就记下你大致花费的时间。接下来，注意反刍和担忧是否导向有用的解决方案。之后请计算你的数据：你花了多久的时间反复思考一个有效的解决方案？

减少自我批判

　　减少自我批判是减少反刍思考的一大关键。自我批判为你的反刍思考火上浇油。人们常常通过自我批判来促使自己以后做得更好。例如，有人可能在暴饮暴食之后反刍思考，还有人认为自己搞砸了社交场合，就在内心不断地责怪自己犯的错误。然而，严厉的自我批判并不能帮助你前进，因为这并不是一个非常有效的激励方式，尤其是当你已经开始反刍思考的时候。

那些通过自我批判来鞭策自己的人，通常会担心减少自我批判就会让自己变得懒惰。但并不会这样。事实上，对自己多一点宽容而不是批评，往往会使你变得更加努力。例如，一项研究显示，那些经历过有难度的考试的人，如果得到了一些宽容的评语，那么比起参加相同考试却没有获得宽容评语的人，他们在未来会更愿意为了类似的考试花更多时间念书。

简单地告诉自己"不要对自己太苛刻"，能让你采取更有效的步骤来解决问题。接受你所感受到的情绪（比如尴尬、失望、沮丧），然后对自己多点宽容，而不只是自我批判，能使你做出更好的选择。自我包容会带给你一个清晰的心理空间，让你做出好的决定。

实验　练习用自我包容代替自我批判，尝试进行以下三分钟写作练习。

这个练习有两个版本，一个是思索过去的错误，另一个则是思索你认为自己有的主要弱点。找出一个你想要关注的错误或弱点，然后按照以下思路花三分钟写作："想象你正在用包容和理解的态度与自己谈论这个弱点（或错误），你会说些什么？"

你可以现在就尝试这个实验，或者将它存起来，等到将来发现自己反复思索错误或弱点时再进行。这个实验与前面提到过的有难度的考试属于同一系列的研究。不过关于如何写对自己的宽容的评语，受测者并没有接受过培训，他们只是自然而然地想到什么就写什么，让这个实验产生了实质结果。

了解你的自我批判只是出于焦虑

　　焦虑的人会有"应该／不应该"的想法，这是个常见的问题。这种思维陷阱有很多种类型，几乎所有类型都会延长和加强反刍思考。例如，"我不该让任何人失望"，这就是一个过度负责和僵化思考的例子。

　　试着注意你何时陷入应该／不应该的思维陷阱，你只是因为焦虑而批判自己，像是"我应该有能力更好地应对生活"或"我不应该对这些小问题感到焦虑"。如果发生这种情况，请包容自己感到焦虑的事实，无论你的焦虑是否合乎逻辑。想想看：如果一个小孩很害怕怪物，你也不会因为怪物是假的就拒绝包容这个孩子。

　　用同样的关怀来对待自己。人们常会犯的一个错误，就是当感到焦虑时，就认为应该给予自己非常多的鼓励、赞美或安慰，但其实不用。当你焦虑的时候，用耐心和接纳的态度面对就好，这是一个被忽视的方法，却可以帮助你快速消除焦虑感。

`实验` 当你在反刍思考时，你是否曾因为批评自己的焦虑感而更加焦虑？试试这么做：将出现在你自我谈话中的任何"应该"都替换成"想要"。例如，不要说"我现在应该取得更多成果"，试着说"我希望现在能取得更多成果"。

这是一个简单、具体又可以重复使用的方法，让你用一种更友善、更有耐心的方式与自己交谈。这些微小的自我调整看似非常简单，却很有效。这些调整或许不会在很大程度上改变你的焦虑，但足以帮助你中断反刍思考，为你打开一扇清晰的内心空间的小窗。这也会让你可以开始做一些有用的事情，而不是只能不断反复思索。做一些有用的事情之后，就能进一步帮助你彻底摆脱反刍思考。于是你就得到了一个积极的回馈循环（积极的想法 → 积极的行为 → 积极的想法），而不是一个消极的循环。

识别电子邮件引发的反刍

电子邮件是常见的反刍导火线，短信、脸书评论和推特也是。所有非语言的线索，还有许多前因后果的线索，都在这种类型的沟通中被剥夺了。电子邮件的非同步性质往往会加剧问题。

例如，电子邮件回复得很慢，是否意味着这个人对内容不感兴趣？还有可能会意味着什么呢？这个人很忙吗？他是一个习惯回得很慢的人吗？在回复你之前正等待着某些信息吗？还在思索你写的内容？这个人是否做事毫无章法而且分心了？没有确认新讯息？你的邮件被归为垃圾邮件了吗？

如果你陷入了电子邮件所引发的反刍思考，先想想自己是否因为对方没有响应而做出了负面的结论，再试着想出其他可能合理的解释。用下面这个实验当作指引。记得，减缓呼吸会帮助你更清晰、更灵活地思考。

实验 你能否回想起任何一次你因为电子邮件未被及时回复而进行了反刍思考？对于对方未回复，你所设想的最坏的情况、最好的情况和最可能的情况分别是什么？如果你很难想到"最有可能"的答案，就想想看落在最好和最坏之间的答案。

在你刚刚回想的电子邮件事件中，你发现了回复很慢的真正原因是什么吗？通常你不会发现他人行为的动机，这也是反刍思考往往徒劳无功的一部分原因。以下有更多关于这一点的说明。

接受自己通常无法得知其他人的行事动机

人们喜欢解释事情发生的原因。当我们无法解释时，通常会自己捏造一些东西。有时这些解释是很有针对性的。针对性指的是你用一种比实际情况更针对自己的方式来看待事情。假如有个同事很粗鲁无礼，你可能会认为这是因为她看你不顺眼，而不会认为她可能正因为其他的事情而手忙脚乱。不喜欢不确定感的焦虑者尤其可能会去反复思考为什么会发生某些事情，并做出过度有针对性的解读。要克服这一点，你需要学会接受自己通常无法得知其他人的行事动机。

要意识到，如果某个人行为异常，这些行为很可能与他自己遇到的事情有关，而不是跟你有关，而且你大概永远不会知道原因是什么。如果你能忍受这种"不知道"的想法，你就可以省下好几小时或好几天的反刍思考和烦恼。虽然某些情况下你可能需要尝试找出问题所在，但大多数情况下，你唯一真正该做的选择就是放下。在你花好几小时反刍思考之前，试着理解这一点！

　　实验　回想一下最近有没有哪个时刻让你觉得与其试图弄清楚原因，还不如接受自己"不知道"别人为什么会有这种模棱两可的行为。

尝试正念冥想

正念冥想（mindfulness meditation）就像止痛药，用同样的处方来解决多种问题：减少焦虑引起的过度亢奋，提升你的注意力，并提高你察觉反刍思考的能力。正念疗法已被证明能有效帮助人们减少焦虑。

正念冥想并不会很难上手。根据目标管理应用程序"Lift"的研究结果，软件开发者发现，冥想初学者刚开始练习的时间平均为三到五分钟。他们还发现，人们一旦进行了 12 次冥想，就有 90％ 的概率去进行更多冥想。

实验 探索并找到适合你的冥想方式。从以下练习方法中选择一种练习三分钟，每天增加 30 秒：

- 专注于呼吸时身体的感受。躺下来，将手放在腹部，感受腹部随着你的吸气上升，并于呼气时下降。
- 坐着或躺下来，聆听周遭的声音与宁静时刻。让声音在你的意识中游走，无论这些声音是不是令人轻松的。
- 散步三分钟，留意所见的人、事、物。
- 散步并留意空气接触到皮肤的感受。
- 散步并留意身体移动的感觉。
- "开放意识"三分钟，留意其间出现的任何感觉。留意此时此刻的一切事物，可能是声音、你的呼吸、你的身体接触到椅子的感受，或是你的脚接触到地面的感受。
- 花三分钟的时间留意身体的任何感受，像是疼痛、紧张、舒适或放松。不需要试图改变，就让这些感受保持原状和慢慢消退。

假如你的思绪偏离你本来该留意的事物，轻柔（且不带自我批判）

地将思绪拉回来。你可能会需要一直这么做。这是正念冥想的常规步骤，并不是你哪里做错了。

　　如果你定期进行冥想，而且每次练习的时间越来越长，你就可能会从冥想中获得更多的益处。但其实，我大多只会在我感到匆忙、烦躁和注意力不集中，以及需要借助一些力量来平息思绪的时候，才会进行冥想。如果你想要根据需求来进行冥想，就试着每天都练习，持续 30 天，让你能够先掌握冥想的窍门。当你经常练习冥想一段时间之后，想要进行冥想时就会更加上手。

　　若你试图在反刍思考或思绪纷乱时（例如有太多的事情要做的时候）进行冥想，冥想可能不会太轻松，但依然有效。

提出你的选择

　　当人们的反刍思考之轮因为某个问题而开始转动，他们通常没有具体地提出要前进都有哪些选择。想要摆脱反刍思考并进入解决问题的模式，可以先具体且实际地提出三到六个最好的选择。例如，你最近雇用了一位新员工，但发现这个人不适合，与其在心中不断责怪自己为什么要雇用这个人，不如去定义一下你目前有哪些选择，这样对你更有帮助：

- 再给这位员工多一点时间。
- 将这位员工转调到一些更简单的职位上。
- 给这位员工提供事项清单，写清完成每项任务所需的步骤。
- 让另外一位员工与这位员工合作。
- 解雇这位员工。

提出你的选择可以减轻反刍思考的压力，并帮助你转而有效地去解决问题。选项列表保持简短，避免你遇到难以抉择的状况。研究显示，如果你同时考虑超过六个选项，最终你可能会没有办法做出选择。

实验　练习具体地提出三到六个最好的选项，以便继续推进你目前正在反刍或担忧的问题。写下简短的要点，就像前面提供的例子那样。你可以用这个方法解决各种各样的问题。例如，我的一位朋友刚刚就用这个方法想出了她要如何在生活中建立更多社交联系。

小提醒：如果"最好的"这个词将你导向了完美主义／停滞状态，那么写下任意三到六个选项就好。

如果反刍思考变得非常严重，就使用"想象暴露法"

如果过去的情况一直在你的脑海中萦绕不散，而其他策略对你都产生不了作用，你可以使用一种被称为"想象暴露"（imagery exposure）的方法。这是一种使用于临床治疗的方法，因此，一定要依照指示进行，不可以自行调整。在决定要尝试使用这种方法之前，请完整阅读这些说明。这是一项艰巨的任务，但通常非常有效。

"想象暴露"是要你鲜明地去回想你一直在反刍的情境，比如一位同事指出你犯了一个尴尬的错误。你也可以将想象暴露法使用在你所担心（但尚未发生）的事情上。

首先，尽可能详细地回忆过去的情景（或你担心的情况）中所有的画面和声音。举例来说，你可能会想起自己尴尬得脸都红了，其他人则奇怪地看着你或大笑。你还可以回忆房间的样子、温度如何、太阳是否从窗户照射进来等细节。鲜明地回忆或想象你感到尴尬或担忧的情境。

下面这个做法的原则是，只要你不逃跑或闪避，焦虑症状就会自然消退：刻意将情景牢记在心，直到你的焦虑降至刚开始的一半（或更少）。例如，鲜明地回忆起当时的情景，最初会触发八成的焦虑，那么就记住这个情景，直到你的焦虑降到大约四成。每天至少重复一次想象暴露练习，直到你在想起这些情景时的焦虑是你首次尝试想象暴露法时所触发的焦虑峰值的一半。

　　当事件发生很久之后依然困扰着你时，这种方法是解决侵入性思考问题最有效的方法之一。唯有你觉得自己应付得来的时候，才能使用这种技巧。你可以将想象暴露法运用在最近或更遥远的记忆上。如果你有真正的创伤要应对，我希望你知道自己应该去找一个治疗师来帮助你处理。类似的暴露法对创伤记忆当然是有效的，但有治疗创伤经验的治疗师将能帮助你检视疗程的强度，这样你才不会在过程中被痛苦淹没。

🌀 通过调整行为来引导反刍和担忧

如果你因为逃避而反刍，就采取行动

　　如果你因为迟迟不处理某个问题而陷入反刍，那就采取任何程度的行动来解决。采取任何行动来面对你一直在避免的问题，这通常会有助于缓解你的反刍思考。大多数情况下，你不需要通过彻底解决问题来走出反刍思考。举例来说，你可能只需要通过发送一封电子邮件或打通电话来让事情继续往前。如果你的反刍是逃避触发的，请参考第八章来获得更多洞见和策略。

替换掉那些加剧你反刍和担忧的行为

如果你正在为你的反刍和担忧火上浇油，那么任何策略都不会有太大帮助。自我批判就是一种火上浇油。其他火上浇油的例子还包括过度寻求保证、花费数小时在网络上查询健康信息，或强迫性地浏览前任的脸书页面。

去做似乎可以暂时缓解焦虑的事情，实际上会让你感到需要不断回去重复做这些事。如果你无法自行阻止这些行为，就去咨询认知行为治疗师。

通过实时察觉自己的想法来减少过度思考

如果你有智能手机，可以使用笔记应用程序来捕捉想法。这么做可以减轻你往后试图记起这些想法时所产生的压力。如果你有一个很棒的想法，后来却无法想起那是什么，实时记下来就可以防止这种遗忘的挫败感的产生，并且可以释放你的大脑的运作区域，让你有空间可以存放其他想法。

与任何对抗焦虑的策略一样，你最后也有可能会过度做笔记。如果你发现你开始执着于做笔记，而且当你无法写出某些东西时，你就会感到很焦虑；又或者你最终写下的列表太长，导致处理这些内容时让你感到压力很大，最后你无法自己解决这个问题，那么可以考虑一下寻求专业的建议。

通过提出问题来远离反刍思考

你是否曾经向某个人寻求建议，后来却意识到你自己也可以想出解决办法？你也可以用这种方法来获得成效。提出问题是一种打破思考僵局的方法。当你提出问题时，你可能会获得有用的新信息，或者仅仅是询问问题的过程都可以激发你的思考。

有时候，就连得到没有用的响应都可以帮助你往前迈进，因为这些响应会促使你用不同的方式提出你的问题。这通常发生在有人误解你的问题时，他们给出没有用又不相关的回答，却会使你以更清晰的形式重新表达你的问题。

提出问题的方式包括打电话，安排一场和顾问的会面，在脸书或在线论坛发表你的问题，或雇用可以直接提问的人。例如，当我的姐夫自学编写程序设计时，他聘请了一位经验丰富的工程师，让他可以在遇到问题时随时提出。这是一个很棒的做法，比参加学院课程要便宜得多！

第六章　使人停滞的完美主义：如何避免因错误的高标准而脱轨

当你努力实现目标时，最理想的情况是你享受一路上所经历的成功，同时愿意承受挫折。然而，与焦虑有关的完美主义可能会让你无法这么做。本章将帮助你学习如何专注于全局。你将学到一些不同的应对策略，防止你陷入无益的完美主义。

先进行以下测验，看看本章的内容会与你有什么样的关联。选择你认为最适合的答案。如果没有答案是适合的，就选择一个最接近的答案。

1. 你有多经常为担心自己不够好而感到困扰？

　　（A）从不。

　　（B）有时候。

　　（C）经常。

2. 你有多经常为大计划中一些不重要的小事感到困扰？

　　（A）从不。

　　（B）有时候。

　　（C）经常。

3. 你有多经常因为自己迈向成功的速度太慢而感到挫败？

　　（A）从不或很少。

　　（B）有时候。

　　（C）经常。

4. 当别人表现得比你更好时，你会有什么反应？

　　（A）我可能会努力获得出色的表现，而且如果别人表现得比我更
　　　　　好，我也不会感到慌张。

　　（B）我的同侪取得成功，会引发我一定程度的社会比较焦虑感。

　　（C）如果我没有表现得比其他人好，我就会觉得自己失败了。

5. 当你正在执行一个大规模、耗时数周的项目时，你开始想着"我不确定我能否做到"，接着你的典型反应会是什么？

（A）我会休息一下，然后找出这个任务中较为简单的部分，通过完成这些部分来恢复我的信心。

（B）我会担心自己这种负面的想法可能是事实，但我还是会继续工作。

（C）我会感到沮丧，自动跳到结论，认定我悲观的想法一定是真的，接着花时间逛八卦网站来减压。

6. 你能否成功管理自己的意志力？

（A）我总是会储存一些意志力，让我在发生意料之外的情况时，仍然可以保持冷静。

（B）我不会对其他人失控，但我常常觉得自己缺乏意志力。

（C）我经常没有意志力，最后做出一些我很后悔的事情，像是吃下一大桶冰淇淋，或者对着我爱的人大吼大叫。

7. 当你陷入自我怀疑时，你是否会一件事还没做完就又去做下一件事，并且也没办法做完？

（A）不会，我会愿意放弃这个项目。但放弃是因为从客观数据看来，这个项目不值得执行，而不是因为自我怀疑。

（B）有时候会。

（C）会，我家里和我的硬盘里充满只起了头最后却没完成的
　　　东西。

以下是你答案的解析。如果你的答案：

大部分是 A

完美主义对你来说没什么大不了。你似乎擅长管理你的意志，
并知道什么事情是优先的，而且在过程中能够接受挫折。你有信心
接受任何你感兴趣的挑战。当产生自我怀疑时，你能将之视为暂时的。
快速浏览这一章即可，但你仍然可能从中了解到一些有趣的小知识，
帮助你加强你的适应力。

大部分是 B

对于如何管理你的意志、创造力、信心和精力，你还有改进的
空间。大多数时候，你对自己的能力充满信心，但是当同侪获得成
功或当你对事情的进展感到挫败时，你就会产生一定程度的自我怀
疑和无济于事的反应。本章中的策略将帮助你把注意力集中在大局
上，不会因为挫折和次要问题而偏离正轨。

大部分是 C

根据你的答案，当你面临大挑战、挫折或不完美时，你很难保
持自信心和意志。自我怀疑的想法会使你脱离正轨，导致你用直接

放弃或过度卖力这样无效的方式来应对。只有当你的表现优于同侪时，你才会有信心。本章中的策略将帮助你将答案由大部分是 C 转为大部分是 A。

完美主义被认为是引发焦虑问题的一个风险因素。不是每个焦虑的人都是完美主义者，但如果你是，那么本章就是适合你的。

调整思维以克服无益的完美主义

与焦虑相关的思维模式可能会导致一些问题，比如优先处理一些不重要的事情、感到筋疲力尽，以及当结果不如你预期中那样快速或持续出现时，感到非常沮丧。我接着将解释为什么会如此。

察觉"非此即彼"的思维

焦虑的完美主义者往往会认为"我一定要随时随地表现得无懈可击"，他们的基本假设是，"否则就会导致一场灾难"。这是一种常见的思维陷阱，被称为"非此即彼"的思维。非此即彼的想法是这样的：要不就是无懈可击的表现，要不就是彻彻底底的失败，没有中间值。

当你不符合自己的理想标准时，这种思维方式不仅会使你感到被击败，也会导致因完美主义而陷入瘫痪的困境。举个例子，有位艺术家认为他的职业前途若不是成为下一个毕加索，就是个一文不值的失败者，他看不到两者间其他可能的结果。那么你可以想见这位艺术家将会遭遇创作瓶颈。

对其他人来说，他们内心的假设可能略有不同："我必须一直表现得无懈可击，要不就会被别人拒绝。"当我回顾我的临床心理学训练时，我意识到自己当时就有这样的想法。当时的我还处在半懵懂状态，所以认为，避免自己被踢出训练计划的唯一方式，就是每一次考试和作业都一定要得到全班最高分。

超高标准之所以出现，通常是因为人们试图隐藏自己想象中灾难性的缺陷。在这种情况下，人们常会认为一旦他们的缺陷被察觉，他们将会遭到排除，也因此他们认为隐藏缺陷的唯一方法就是始终保持出类拔萃。而当有这种想法的人确实表现得很优秀时，他们的大脑就会自动得出结论：我之所以能避免灾难，唯一原因就是我保持住了优秀的表现。这使他们更加相信，要预防未来可能发生的灾难，必要条件就是出类拔萃。

学者会用"临床完美主义"（clinical perfectionism）这个术语来描述最易造成问题的完美主义。当临床完美主义者设法达到他们的超高标准时，他们往往会得出这样的结论：一般标准一定不够高，必须再上调标准。这意味着他们永远无法感到心安理得。

当然，如果你有能力达到杰出表现，我不会建议你一定要去选择那些"可接受"的标准。大多数咨询过我的焦虑完美主义者都很讨厌那样选择，因为对平庸的表现感到自在并不是他们的天性。我将在本章中提出的建议，就是针对你为自己设定的一些标准进行微调。这些调整将帮助你去设定同样极具野心的标准（只要不是太超过的），也预防完美主义引起的一些问题。

实验 问问自己，非此即彼的完美主义陷阱对你来说是不是个问题？如果是，请考虑以下几件事：

1. 也许你自认为拥有的缺陷实际上并不如你想象中那么严重。也许其他人比你所认为的更不在意这些缺陷。你能想到你自己有哪些像这样的缺点吗？

2. 永远表现得很杰出并不是一个切实的选择，永远身处顶尖也是不可能的，尤其是当你身边还有许多人都很聪明的时候。有时焦虑的完美主义者会避免与其他非常有才能的人往来，因为这样会引发社会比较和自我怀疑。但其实这么做会造成一种自我破坏的效果，因为聪明的人能激荡彼此的想法（"宝剑锋从磨砺出"的道理）。你是否也会去避开那些引发社会比较的情况？

3. 多相信别人一些。他们怎么会因为你偶尔表现得不如以往那么高标准，就忘记你其他所有出色的成绩呢？

将思维从"表现目标"转移到"精熟目标"

有一种方法可以保持你的高标准，但避免完美主义带来问题。如果你可以将你的思考焦点从"表现"转移到"精熟"，那么你就会变得不那么害怕，也更加有弹性，并更能接纳好的和新的想法。"表现目标"（performance focus）意即你最先的考虑是彰显自己当下可以将事情做得很好。"精熟目标"（mastery focus）则表示你最关心的是如何提升自己的技能。专注于精熟目标的人会想着"我的目标是驾驭这些技能"，而不是"我需要表现优异才能证明自己"。

精熟目标可以帮助你在挫折之后继续坚持下去。要理解这一点，先想象一下这个场景：亚当正试图掌握公开演讲的技巧。由于他设定了精熟目标，他可能会尽可能地多多练习演讲。当他遇到挫折时，他会有动力尝试理解这些挫折，并重新回到轨道上。他的精熟目标将使他更有可能稳稳地朝着自己的目标前进。相较之下，有着表现目标的罗布，只专注于在每次演讲中证明自己是有能力办到的。关于演讲风格，罗布可能不会冒太大的险，并且不太愿意走出他的舒适区。如果刚好发生一个意外，导致他的演讲过程不如预期，他很可能会开始逃避任何公开发表演说的机会。

精熟目标将帮助你减少对个别失败案例的不安，也会加强你找出错误的意愿，并且帮助你避免因为对自己过度批评，而对自己修正错误的能力失去信心。

精熟目标也可以帮助你确定事情的优先级，你可以对那些会让你迈向精熟目标的事情说"是"，并对那些无法实现目标的事情说"不"。如果你不能容忍不确定性，这也是很好的，因为这为你提供了一个明确的方向和经验法则，让你可以去决定当下要追求哪些机会。

实验 你现在最重要的精熟目标是什么？补充以下这句话："我的目标是精熟关于＿＿＿＿＿＿的技能。"例子包括养育子女、让更多造访网站的人变为买家、投资房地产，或者自我认可。根据你所选择的精熟目标来回答以下问题，要尽可能具体地说明你的答案。

与你同样有精熟目标的人：

1. 对错误、挫折、失望和负面情绪会做何反应？

2. 会优先处理哪些任务？又会将哪些任务摆在后面？

3. 当他们在某件事上耗费许多时间，接着发现这个策略或想法并不如他们所希望的那么有潜力时，他们会做何反应？

4. 如何确保自己能有效学习并获得技能？

5. 在感到焦虑时，会做何反应？

察觉"贬低"的思维偏误

焦虑的完美主义者往往会贬低自己的成就。例如，一个厨师可能将米其林星级以外的任何奖项视为"没那么杰出"。

实验 你常会贬低自己的哪些成果和专长？若你更实际地检视你现有的成就和专长，而不是贬低它们，你对自己是否能更有信心？

接受成功的步调

当你没有如想象中那样快速取得成功时，你是否感到挫败？例如，毕业搬到伦敦之后，我花了一个月才找到工作，这对我来说就像是永远找不到工作。我当时就是一具压力很大的行尸走肉，计算着还没有收入的自己花掉的每一英镑。毕业后要在一个新的国家找到人生第一份工作，我当时认为花一个月已经够久了，现在回想起来，这似乎颇为荒谬。其实种种客观的迹象显示我那时正走在正确的轨道上，获得了很多职位的面试机会，只是过高的自我要求引发了焦虑而已。而回顾这段经历，总能在我对成功的缓慢步调感到不耐烦时帮助我。

想要减轻因为成功步调缓慢而产生的焦虑，就练习接受效率的提高和成果的取得都需要花一段时间，而且两者会相互影响。

实验　问自己以下问题：

1. 在你的生活中，有哪些方面是你接受结果和进展的步调后使你受益的？

2. 是否有客观证据显示你正走在正确的轨道上，而若想看到正面的结果，只需要你有耐心并用正确的方法继续做下去？

3. 如果你能更加接受成功的步调，你会对自己说些什么？记住上一章所提到的自我包容。如果你需要重新回想，或者你当时跳过了上一章，可以回去翻阅内容。

调整"我应该更努力"的思维，以防筋疲力尽

焦虑的完美主义者经常被以下三者的组合强烈驱使着去努力工作：抱负、责任感和"若不加倍努力就会导致灾难"的担忧。而一旦某些事情无法依照计划进行，他们就可能成为"我应该更努力"这种错误思维的受害者。

不是只有焦虑的人会有这样的错误思维。举例来说，人们一次又一次地减肥失败，这种错误思维也是原因之一。一旦节食失败，人们通常就会跳到这样的结论：无法成功的原因是不够努力。他们会发誓要更加努力，却没有采取任何适当的策略。客观来说，要有适当的策略才可能创造更多成功。陷入这种思维陷阱的人，往往会不断尝试他们失败的策略，并期待有不同的结果。

这里有一个例子，说明我是如何陷入这种思维陷阱的，还有我最后采取了什么措施来克服它。根据经验，每天写出大约 750 字是对我来说最有效的写作目标。如果我设定了每天要写出更多字的目标，我就会感到不知所措，最终开始拖延，导致整体而言我的完成度没有那么高。事情进展得比较顺利时，通常是我坚持最低目标的时候。然而，当我开始感到疲乏时，我又往往会想要提高我的目标，因为若没有做到足够多的事情，我会感到很焦虑。为了跳出这个陷阱，我其实需要做的就是休息个一两天，并于休息回来之后，继续保持一贯的目标。而当我感到焦虑或沮丧时，我需要做的就是抑制过度工作的冲动。

这两种模式可以制成一组流程图：

受困模式

焦虑／沮丧

↓

"我应该更努力"的错误思维

↓

提高我的目标

↓

感到更焦虑，并且可能开始拖延

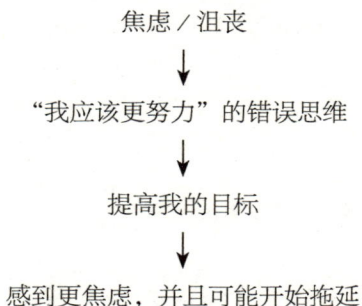

较有益的模式

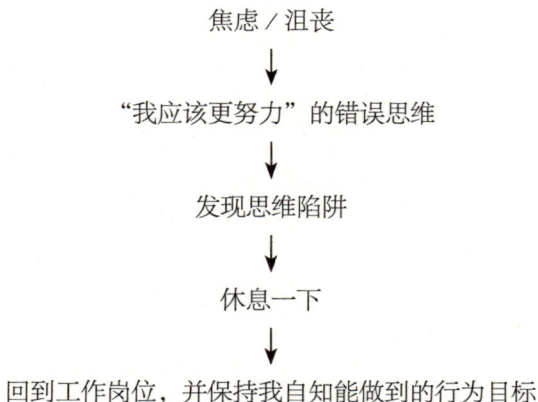

焦虑／沮丧

↓

"我应该更努力"的错误思维

↓

发现思维陷阱

↓

休息一下

↓

回到工作岗位，并保持我自知能做到的行为目标

实验 画一个流程图，写出一个陷阱式模式和一个较有用的模式，就像我刚才写下的那样。

与焦虑和解

这个流程图将会显示你的想法、感受和行为是如何相互关联的。

一般使用的流程图的形式如下，请填写空白处。

受困模式

焦虑／沮丧

↓

"我应该更努力"的错误思维

↓

无益的行为模式：＿＿＿＿＿＿

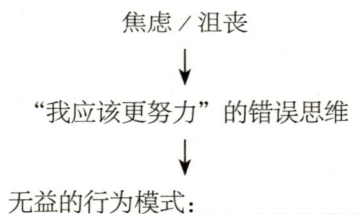

较有益的模式

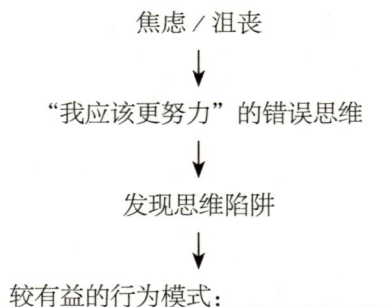

焦虑／沮丧

↓

"我应该更努力"的错误思维

↓

发现思维陷阱

↓

较有益的行为模式：＿＿＿＿＿＿

创造出自己的认知行为流程图虽是一种较为进阶的心理技能，但如果你热衷于接受挑战，这会是一种非常有帮助的做法。本书所介绍的任何内容，都可以使用流程图来进一步理解。

调整"全或无"的极端思维

就像"非此即彼"的思维一样，当你难以看见事物的中间地带，就是极端思维。你要不就是过度全力以赴（全），要不就是彻底回避（无）。例如，你可能会认为，如果要开始使用社群网站，你就要同时使用脸书、推特、拼趣、Instagram 等社群网站。你要不就会因为一次使用所有平台而分身乏术，要不就是感到不知所措，最终完全避开社群网站。

焦虑的完美主义者尤其容易陷入困境，因为焦虑会使人的思维更加僵化。当你选择了"无"，你的成功速度会趋缓，因为你回避了许多新的事物。选择了"全"，则可能会导致一次做太多件事，使你感到疲惫，并因为太过疲劳而出错。抓住这种思维偏误，并学习寻找中间值，将有助于缓解你的焦虑。"全或无"陷阱的出现，往往是伴随着对事物发展的负面预测，这是焦虑者们主要的思维偏误之一。

实验 在你现在的生活中，有没有哪些事情是你因为过度卖力而感到焦虑或不知所措的？这之中是否有你过去未曾看到的中间值？我们将在第八章中再讨论有关逃避的陷阱。

调整"这对我来说太难了"的思维

焦虑的完美主义者喜欢彻底掌握事物。一旦产生"这对我来说太难了"的想法，他们通常就会认定这是事实，而不会将这种想法当作一种可能是焦虑所引起的错误警报。要记得，如果你很容易焦虑，那么根据定义，你的焦虑系统是很容易出现错误警报的。也就是说，你的系统会向你提出一些不存在的风险。

想法只是想法，但问题是我们总认为想法是真实的，并将感受与事实混为一谈。这种情况发生的部分原因是记忆偏误：你的大脑往往会想起与你当下感受相符的过去的事件。因为当下的情绪会对想法产生强烈的影响，所以在你感到沮丧时，刻意去回想那些自己很擅长或有才能的证据，可能就不会很有真实感或令人信服。既然你知道这是你大脑的运作方式，那么当你处于一种挫折的情绪中时，你可以先试着忽略一些消极的想法。当你的情绪好转时，你的想法会自然地改善。因此，重获信心往往只是需要耐心地等待消极或焦虑的情绪过去。

实验 你是否有过"这对我来说太难了"的想法，后来你发现这些想法都是错误的警报，而你最后设法去做了你本来担心可能会对你来说太难的事情？找出一个例子，这个例子不需要是多伟大的事情，一个小小的例子就很好了。

转变你对于"好想法由什么构成"的观点

　　焦虑的完美主义者在提出构想时，通常对于什么才是"好"抱着极高的期望。他们可能会想："因为我 21 岁的时候没有在我家车库里创办一家价值数十亿美元的公司，我显然不是一个能提出构想的人，我注定一生平庸。"这听起来是不是太过完美主义了？

　　过度的期望再加上焦虑，会妨碍你产生想法，并使你陷入反刍思考："我为什么就是想不出来？"这一定会加剧你的焦虑感，并使你更难产生任何想法。你可能会在思考时陷入困境，因为你认为自己必须提出一些非常独特的构想，但实际上，构想总是建立在其他构想之上。如果你把思考过程想成从你现有的知识基础中找出一些信息，那么你在提出构想时，就不会感到那么窒碍难行。如果你认为创意是看着一页白纸就能产生出来的东西，那么难怪你会有停滞不前（或逃避）的焦虑反应！相反，试着问问自己：

- 我是否知道哪些东西与我要解决的问题有关，或者哪些有助于解答我的疑惑？
- 我要如何复制我之前成功完成的东西，但加入一些改变？
- 我要如何组合两个通常不兼容但其实可以组合起来的概念？（像是牛角面包＋甜甜圈＝牛角甜甜圈）

- 我要如何复制他人成功的方法，但避免换汤不换药？（例如，你看到一篇被疯传的博客文章，便采用了这篇文章的形式，但是撰写不同的主题。）

　　实验　尝试想出一个他人成功的方法，并想想要如何复制这个方法，但不可以复制其内容。

调整行为以克服无益的完美主义

　　既然你已经熟悉了会导致焦虑的完美主义者陷入困境的常见思维偏误，接下来让我们看看可以帮助你保持冷静、自信和积极的行为调整方法。

管理你的意志力，而非你的时间

　　焦虑的完美主义者经常烧光他们身心的精力，而不会去保留一些备用燃料。当他们的做事方式与价值观和目标出现不一致时，通常是因为他们的意志力已经消耗殆尽了，而不是时间不够用。

　　我喜欢将意志力想成计算机的内存（RAM）。RAM 是计算机用来运行软件和应用程序的存取内存，而不是用来存放照片和文件的储存空间。当你同时开启太多软件或应用程序时，系统就会悬置并且停滞。你必须确保始终保有储备的意志力，可以将其运用于实时决策，以及控制你的反应。如果你的意志力储备量过低，你最后就会做出一些糟糕的选择或者对着别人情绪失控。以下是一些可以提供给你更多意志力的方法：

- 将你每天试图要完成的任务减到极少的数量。务必知道最重要的任务是哪一个，并确保自己完成那个任务即可。你可以将一些琐碎的任务合并在一起，例如回复电子邮件或在线缴纳账单，将这些任务当成同一个项目。

- 慢慢地执行任务来重振你的意志力。我的朋友托妮·伯恩哈德（Toni Bernhard），也就是《如何觉醒：佛教启迪的喜乐导引》（*How to Wake Up: A Buddhist-Inspired Guide to Navigating Joy and Sorrow*）一书的作者，她就建议我们用比平常还要慢上25%的速度去执行一个任务。我并不是要你一直这么做，你只需要在感到注意力分散或不知所措的时候再这么做就好。以这样的方式放慢速度，被认为是正念练习的一种形式。

- 另一种重振意志力的方法，是慢慢呼吸或进行第五章提到的任何一种正念练习。将正念想象成在未正确关闭的计算机后台进程中运行清理程序。运用正念进行认知清理，你就不会将心力浪费在担忧和反刍思考的后台进程中。

- 减少做决定的次数。许多人，特别是那些担任管理职位或养育孩子的人，在生活中需要不断地做出决定，而做决定会榨取意志力。找到任何可以减少做决定的次数的方法，但不会让你感觉这是一种牺牲。设定一些例行事项（比如一周中的哪一天你要做哪一种特定餐点），这样你就不用一遍又一遍地做出相同的决定。或者，尽可能交给别人去做决定。由其他人做出决定，让做决定不再是你一个人的事。

- 减少过多的感官刺激。例如，关上门或戴上笨重的大耳机来阻隔噪声。如此你就不会为了必须过滤掉太多的外在刺激，心力被消耗殆尽。如果你是一个高度敏感的人，这个技巧尤其重要（如果你当时跳过了与此相关的章节，请参考第二章来了解更多信息）。

注意是否出现了过度坚持的预警信号

焦虑会使思维变得狭隘和僵化，有时候也会导致你在某些事物上太过坚持。由于焦虑的完美主义者往往很特别，而且不喜欢悬而未决的事物，他们可能特别容易受到这个陷阱的影响。要注意识别需要停止过度坚持的信号。例如你正在上网，过度坚持的迹象就可能是，你已经在论坛上搜寻了超过 30 分钟，试图找出问题的解决方案却一直找不到，这就是一个提示了，休息一下可能比一直拼命解决问题更有效。另一个例子是，你一直试图说服你的伴侣，已经讲了超过 10 分钟，也已经用了好几种不同的方式说明你的观点，两人却仍然争执不休。

　　用客观和具体的方式定义自己过度坚持的预警信号。要是你的定义太模糊，你就会更难辨别出这些信号。

别等到筋疲力尽或卡住的时候才中途停止

　　就像前面所说的，焦虑的完美主义者经常会将他们的意志力完全消耗殆尽。其中一种表现就是当你已经筋疲力尽或是被卡住的时候才暂停工作。这可能会让重启工作变得非常不吸引人，因为你最近对这项工作的记忆是不顺利的，执行过程是让人感到疲惫的。人都有"近因偏误"，意即最近的记忆往往是最突出的。你一定不会希望你对工作最近的记忆就是感到被困住或者是耗尽心力。

　　尝试感受一下工作中途，在仍然享受着这项任务时停下工作，而不要等到你筋疲力尽或挫败时才停止。注意这么做是否会让你后续做出更好的选择。例如，辛苦工作了一天之后，选择一顿更好的晚餐。

交出控制权

　　如果有人曾经说你是控制狂，那么就要了解你之所以想要掌控，不让别人以自己的方式做事，可能是与焦虑有关。在你的思维模式中，你可能担心其他人不会以你可以接受的标准来执行任务，而这在既有情况中可能是真的，也可能不是。你的控制欲也可能与"应该"的思维偏误有关，就像"我应该能够自己做所有的事"，或者你可能担心需要别人帮助是弱者的象征。

　　你可以尝试的行为实验是将你感到不知所措的任务委托或交代给别人来做。例如你是一个计算机工程师并且遇到了一些问题，你可以将问题丢到 oDesk 网站或类似的外包平台上，而不是坚持一定要自己解决问题。一开始可以委托较小的、不太重要的工作，看看结果如何。把事情委托给其他人会需要你忍受不确定性，有时候也会要你接受不完美的结果。试着从全局的角度来思考委托给别人是不是一个值得的投资。

　　如果把任务交给别人会让你陷入无法容忍不确定性的困境，那么就好好地与自己的感受沟通。紧抓着生活的所有方面会让你有安全感，但也要认识到这同时会让你疲惫不堪。要知道如果强烈地掌控是能够让你在短期内减少焦虑的行为模式之一，那从长期来说反而会让你感到更加焦虑。过度掌控是其中一种"做得越多，就越需要去做"的焦虑模式。

　　在第二章中，我们讨论了小心谨慎有哪些帮助，又有哪些过度小心谨慎的可能。同样，谈论到控制时，你会发现区分出哪些控制对你有帮助、哪些没有帮助是很个人的。例如，对家中主要的装修进行项目式管理，可能对某些人是有帮助的，但也有人可能会因此而变得非常紧张，以至于给他们的婚姻带来压力。这就又回到了对自己的了解这个话题。

精简你的注意力，别一件事还没完成又去做下一件事

虽然看似矛盾，但与焦虑有关的完美主义，可能会导致人们花太多时间坚持在某些任务上，其他项目却不能完成。无法忍受不确定性的完美主义者经常会从一个工作项目跳到另一个工作项目，他们可能会同时展开很多个商业计划或大型提案、投履历、写电影剧本、设定个人习惯、制作工艺作品、写小说，却没有一个能完成。当他们开始产生自我怀疑时，很快就会对这个任务感到不耐烦，没有办法继续坚持下去，并去客观判断这个任务成功的潜力。

如果你一下子想做这个，一下子又想做那个，那很可能是因为你无法容忍不确定，你不知道手上正在进行的任务究竟会不会成功。如果你有不完成事情的习惯，或许先在同一个项目上坚持并完成它会比较好，别在开始感到不确定时就马上跳到另外一个项目上。

想要改善这种跳跃式的做事习惯，可以先减少接触过多的信息和其他的选择。例如，停止阅读行业博客一段时间。

第七章　惧怕建议与批评：如何处理
你对建议的敏感

建议能使人进步，但焦虑的人通常会逃避接受建议，这是由于建议让他们觉得很有威胁感。因焦虑而逃避建议，会导致你实现目标的进展速度低于理想值。此外，如果你因为他人给予建议就感到焦虑，并且从此对建议采取封闭态度或糟糕的响应，你与提供建议的人之间的关系也会因此变得紧张。本章将帮助你解决这些常见的问题。

先进行以下测验，看看本章的内容会与你有什么样的关联。选择你认为最适合的答案。如果没有答案是适合的，就选择一个最接近的答案。

1. 你想要得到一些针对目前工作的评价。你是否会去设想所得到的评价都是负面的？

   （A）我通常会设想获得良好的评价，因为我觉得自己通常很有能力。

   （B）我很担心会得到负面评价，但不会因此停滞不前。

   （C）我常设想会得到负面评价。

2. 当你的老板指出你做得很好的九件事情和一个确实是你可以改进的地方，你的典型反应是什么？

   （A）我会计划做出一些简单的调整，确保我可以持续得到正面的评价。

   （B）我很高兴整体的评价是正面的，但那个负面的评价让我感到有些不安。

   （C）单一的负面评价会让我困扰好几天或更久。

3. 你对于自己应对合理负面评价的能力有多大的信心？

   （A）我相信我有能力去做出必要的调整。

   （B）我想我会反刍思考一段时间，但我也知道，在安静的夜晚喝杯葡萄酒、看看剧之后，我就会走出来。

   （C）我觉得我会感到很受伤、很尴尬，再次看到那个给予我评价的人时，我会觉得很难面对他。

4. 你有多容易把负面评价视为针对个人的批评?

（A）我不太会把评价都当作针对性的。

（B）我会当作针对性的，但我有足够强的自我觉察，我通常会拉住自己。

（C）当我得到负面评价时，我会觉得对方是因为不喜欢我，所以不满意我完成的工作。

5. 你是否会倾向于逃避得到他人对你工作成果的建议?

（A）我不会逃避，而且我觉得建议很有用。

（B）我有时候会逃避某些领域中的建议，但不是所有的领域。

（C）我只有在不得不的时候才会去听取建议，我宁愿去看牙医。

6. 如果有人对你表现得很奇怪，而且没有明显的原因，你通常会是什么反应?

（A）我会想："这可能是他们自己的关系，而不是因为我。我可能永远不会知道这种行为背后的原因，所以过度思考是没有意义的。"

（B）我会担心我做了一些冒犯这个人的事情，为了改善情况，我还会试着表现得格外友善和随和。这种担忧会困扰我好几天。

（C）我会感到烦恼不已，还会花好几天的时间思考这个人的行为可能是出于什么原因。

7. 当你问别人你穿这条牛仔裤会不会看起来很胖的时候，你是真的想知道答案吗？

（A）是。

（B）是，但我需要提供建议的人巧妙地响应。

（C）当然不是。

　　以下是你答案的解析。如果你的答案：

大部分是 A

　　你通常认为建议与评论是有帮助的，这不会对你构成威胁。当你得到负面评价并感到有点失望时，你能够理出头绪，而不会小题大做。你认为自己是有能力应对他人评论的，因为你过去已经成功地做到了这一点。你善于收集建议并进行必要的调整。你不会自动跳到"给予负面评价就表示这个人不喜欢你"这种结论。你只要轻松地浏览本章即可，但也可以留意一下是否有任何有价值的新信息。

大部分是 B

　　你有一点倾向于将评价都当成负面的。当你得到大部分是正面的评价，但其中包含了一点点负面的评论时，你很容易把负面评价看得很重。虽然在大多数情况下，你不会将评价当作是针对你个人的，但有时候你还是会发现自己陷入了这种情况。本章中有很多内容可以帮助你更放松地面对他人给予的评价和建议。

大部分是 C

接受评价令你感到十分焦虑。这会使你觉得自己无处遁形，而且非常脆弱。你总是预期获得的评价一定是负面的，而且你对于自己在接受评价后做出修正的能力没有信心。负面评价对你来说就像是人身攻击。你逃避获得评价，因为它会让你陷入反刍思考模式，而且你很难挣脱那种情况。你如此害怕被评价，以至于你会去逃避一些机会，只要那些机会有让你收到评价的可能。你也许永远无法学会乐于接受他人的评价和建议，但本章中的策略可以帮助你在面对评价时更加自在、更少逃避。

这一章并不是要完全解除你对批评的敏感，而是让你能与你天生的敏感共处，并学习如何对评价不那么回避，即使评价会引发你的脆弱感。你将学习如何辨识出一些思维偏误，这些偏误会让你放大对评价的恐惧，你也将尝试一些练习，让你辨识出哪些时候借助外力带来的帮助多过带给你的不自在。

调整思维以更加轻松地面对他人评价

本节中的实验将帮助你了解与接受有关评价的思维过程，并将你的思维调整得更加平衡。

微调你的想法以从评价中获得益处

当你处于焦虑状态时，很容易将评价视为一种彻底的折磨和心理上的痛苦。你能否通过思索一些评价带来的益处，来调整这种思维？

- 你可能会发现自己做得很好。
- 你可能会发现，在工作中被你视为较次要的部分，却被其他人视为你主要的优势。
- 你可能会获得更多的成功，因为你在获得评价后能做出更好的内容。例如，有人会给你一个小提示，或提供给你一些能够让你更加进步的建议。你可能会发现自己很喜欢这个新的改进版本，而且假如没有这些建议，你本来不会朝着这个方向去做。
- 通过他人的评价，你可以获得一些新的见解，帮助你解决本来一直很困扰的问题。提供建议的人也许会提出一些很实用的信息，他们之前就是这么解决你目前遇到的问题的。
- 最后，接受评价的过程可以强化你与评价者之间的关系。这是一种缔结关系的经验。

实验　尝试以下一种（或两种）练习：

选项 1：想出一个过去的具体例子，在这个例子中，负面评价其实对你是有帮助的。

选项 2：浏览上一页所提的每一项评价的益处，并写下一个你获得益处的具体实例。

了解到逃避评价所带来的损失

当人们逃避评价时，他们会错过前面所提到的那些益处，导致有所损失。例如，你可能会一直担心你的工作会受到怎样的评价，花在担心上的时间比你实际需要的更久。你是否倾向于考虑评价可能带来的痛苦，而不是去考虑逃避评价所带来的损失？如果是，你可以有意识地纠正这种思维偏误。你可能会注意到，这种思维偏误跟我们之前在关于"犹豫"的章节中讨论过的一样：焦虑的人倾向于考虑行动可能带来的风险，而不是不行动所带来的危害。

实验 请尝试回答以下问题，从大局角度去看待逃避评价会带给你什么样的损失。如果你想不出答案，就让这些问题酝酿一两天再回答。

- 你是否曾经一开始逃避接受评价，后来才意识到如果早些接受他人给予的建议，就不会在错误的方向上努力这么久？如果有，什么时候发生过？

- 你是否曾经逃避接受评价，后来才意识到你所担心的负面评价根本不是事实？你在不必要的担心上花了多久时间？当时你有什么感受？

- 是否有哪一次你对于负面评价的预期成真，但负面程度比你预期中的要温和得多？你是否有恍然大悟的经验，发现原来去进行所需的修正其实比你想象中更容易做到，而且你无缘无故地忍受了许多不必要的担忧？

- 你是否曾经错过了一些很棒的机会，只因为你不想让自己暴露在得到负面评价的可能性之中？

修正对于负面评价的过度恐惧

焦虑的人害怕评价的原因之一，是他们往往会比别人更严厉地评价自己的表现。当你很焦虑的时候，你可能会去高估得到负面评价的可能性，认为任何你所得到的评价都会是负面的，这就是"负面预测"的思维偏误。

假设你需要得到一些建议，是关于你即将发表的报告的。你很担心你会受到严厉批判，大家会说你的演讲风格很糟糕，而且不会给予你任何赞美。你觉得有多大的可能会得到这种你所害怕的结果？你可能会说："感觉有99%的可能性。"那实际上的可能性又有多大？

你会想："客观来说，可能是 50%？"50% 这个答案也许仍然是高估了，但这至少会开始改变你的思维。这个答案提醒了你，你的焦虑情绪某种程度上会蒙蔽你对事物的看法。

光是要求人们根据"焦虑的感受"或"客观的看法"来回答问题，人的思维就能有所转变，这似乎很奇怪，但其实并没有像听起来那么牵强。有很多研究证据表明，人们的思维会随着他们被要求思索事情的方式的改变而改变。例如，在我自己的博士论文研究中，我询问人们对伴侣的评价与真实状况有何不同，结果人们发现自己通常会给予伴侣比真实状况更正面的评价。

实验 在你目前的生活中，是否有什么事情是评价对你有帮助，你却一直在逃避的？

若有的话，问自己以下两个问题（用百分比来回答，就像前面的例子那样）：

- 我觉得自己得到极度负面评价的概率有多大？
- 实际上真的发生的概率又有多大？

相信自己应对负面评价的能力

就像每个人的眼球构造中都有一处盲点，人的认知也有盲点，导致我们做出不那么出色的选择。例如，你以为自己穿某一套衣服很好看，但实际上并不好；或者你以为你知道老板的意思，但后来才发现自己的理解方向错了。由于我们都有盲点，犯错和得到一些负面评价都是不可避免的。也因此，除非你打算一辈子住在山洞里，否则你就需要一套认知上和情绪上的应对措施，当你得到负面评价的时候，你就有办法去面对。本章后面会再介绍一些行为策略，但现在让我们先来处理思维和情感部分。

　　实验　想一个特定的情境，其中有你所害怕的负面评价。如果你害怕的事成真了：

- 你会如何进行必要的修正？
- 你会如何接受自己对批评的敏感？你会不会温柔地跟自己谈谈感受，而不是批评自己沮丧的情绪？当你有这些感受时，你能否耐心地对待自己？
- 在经历受伤和沮丧的情绪时，你会做些什么来安抚自己？（是的，重看一部 20 世纪 90 年代的电视剧也是一个完全可以被接受的答案。）
- 你可以寻求哪些人的支持来处理你的情绪？例如，你会找个朋友聊聊。

察觉自己因模棱两可的评价而产生的恐慌

焦虑有时候会导致人们误解自己所收到的评价。当人们感到焦虑时，他们往往会将一些模棱两可的讯息（或是对方没有给予评价）解读为负面的含意。

举例来说，你的上司说他过几天再回复你所提出的要求，你就认为这表示他最后的答案一定是"不"。另一个例子是，你可能会将不太热情的响应当作证明，认定这个人一定没有对你的成果留下深刻的印象。如果某个人一般情况下都会说"谢谢，你做得很棒"，但他今天只是跟你说了声"谢谢"，你就把这当成负面的意思。

实验 你是否曾经直接对模棱两可的评价做出过负面的解读？或者有没有哪些情况是你很有可能会这么做的？举出一个例子来。

察觉自己对负面评价做出更加负面的解读

焦虑导致人们误解评价的方式还有一种，那就是当一个焦虑的人收到了稍微负面的评价，这个人通常会因此感到非常恐慌，而且会认为这个评价比实际上还要负面。比如你收到了一些工作上的评论，第一次读到这些评论时，你往往会觉得被指出来的问题似乎非常重大，远比你第二次审视时所认为的严重。

　　实验　是否有哪一次你收到负面评价后感到很恐慌，并且认为情况比实际上还要糟糕?

尽量不要将评价当作有针对性

　　我们在有关反刍思考的章节中已经提过"针对性"的问题，但由于将评价当作针对个人的批评是一个非常常见的思维偏误，就让我们来简要地回顾一下。我也会把"要求被拒绝"纳入讨论范围，因为人们往往会将否定的答案视为评价的一种。比如说，你问上司你能不能去参加某个会议，但他不答应。你于是把这个否定的回答当作针对你个人的否定，但实际上这只是跟行程预算有关而已。

　　又比如说，你本来不是一个擅长发表意见的人，但有次你鼓起勇气向上司提出了一个点子。结果他告诉你他只是"没那么喜欢这个点子"，你就大受打击。这些负面情绪触发了你一连串恐慌的想法，认为老板一定觉得你是全办公室最不聪明的人，但你本来没有这样想过。

　　若要克服将评价当作有针对性的习惯，你需要做出两种思维调整。首先是正念：你需要训练自己不要将所发生的事都当作是针对你的。其次是去了解做出负面评价并不一定表示这个人不喜欢你、不尊重你的能力或没看到你的潜力。

　　实验　你是否曾经低估了其他人对你的看法，他们也许认为你是一个有能力和才华的人？有没有哪一次你可能低估了别人对你的正面看法？举出一个例子。

意识到敌意归因偏误

　　焦虑（和压力）会使人们更容易受到"敌意归因偏误"（hostility bias）的影响，这是一种将事件当作有针对性的行为，你很容易直接得出"对方有敌意"这样的结论。

　　举例来说，你听到有人在笑，就认为别人是在笑你。大部分的人也会有这种想法，但只是一闪而逝，在他们环顾四周，检查一下自己是不是拉链没有拉上之后，这种想法就会消失，并且了解到笑声根本与自己无关。

　　敌意归因偏误经常在工作环境和群体场合出现。例如，当有人提供给你建议的时候，你就认为自己受到了攻击或是被挑剔了。你可能会产生一些焦虑或痛苦的想法（也可能两者都有），像是："他们为什么这么迂腐？"无论你这种恼怒的想法是不是真相，其实都无关紧要。真正重要的是，这种想法会让人感觉自己受到孤立，就好像要单独与全世界抗衡一样。

　　实验　你能否想到任何一个情况是你很容易产生敌意归因偏误的？例如，一位同事指出你句子中一个不重要的错别字。你可以有哪些其他的想法？例如，你的同事正试图协助你，或者这是他的问题，他对于错别字有点强迫症。

　　当你经历敌意归因偏误时，你的愤怒指数似乎会在两秒之内从 0 飙升到 100。从演化角度来看，愤怒通常会使我们行动，而不是使我们思考，所以在生气时难以去考虑其他可能。因此，立刻解决敌意归因偏误的最佳方法，就是放慢你的呼吸，使自己获得生理上的平静，然后使用行为策略，例如"罐头响应"（参考下一节）。

调整行为以更加轻松地面对他人评价

　　将以下行为策略与我们讨论过的思维调整两相结合，有助于调节你对评价的恐慌倾向。

预设一些用来应对评价的"罐头响应"

当你需要暂停一下的时候，你可以准备一些罐头响应的句子，让你在听到他人评价时不会出现过强的防御心。一些举例如下：

- 我觉得关于_____，你说得很有道理。
- 我会把你所说的都想一遍，我需要好好考虑你的建议。
- 这是一个有趣的看法。
- 让我想想该如何运用你的建议。
- 让我想想在这一点上如何改进，我会再发电子邮件给你回复我的想法。

这些罐头响应应该大致上认可对方所提出的有效建议，并且表明你现在要先离开，但会好好考虑对方说的话。还有一些罐头响应可以用在你的盲点被发现而你感到很尴尬的时刻，像是：

- 我没有想到这一点。这真的很有帮助。谢谢你提醒我要用这种方式来看这件事。
- 真是一个好想法，我常常可以从我们的对话中找到新的观点。

如果你有极高的自我要求，你可能会需要假装你比实际上更容易接受自己的盲点！

故作轻松地接受评价

当人们收到负面评价时，有时候会感受到一股防御的冲动。你可能会对评价感到恼怒或沮丧。在这种情况下，你要尝试表现得仿佛你很放松。换句话说，就是要一直假装，直到你真的感到更放松为止。故作轻松是让你真正感觉更平静的最快的方法之一。如果你在收到评价或出现防御心时会焦虑感飙升，就试着让自己的肢体语言更加开放。用非语言的信号表明你是敞开心胸的，即使你内心并不是这样想。放松肩膀，抬起头，用轻柔的眼神接触并放松双手。当你这样做时，你的想法和感受几乎会立即开始赶上你的非语言暗示。你当然不会感到彻底放松，但这么做是会有所帮助的。

考虑安排你自己的"督导"

当确定对方是喜欢自己、赏识自己的才能时，焦虑的人才有办法在对方一对一地给他评价时仍感到自在。

实现这个目标的一个好办法是 DIY 督导关系。"督导"是心理医生和咨询师使用的术语，意即他们会定期与一位同事会面，通常是两周一次或每月一次。 在会面时，受督导者会与他们的督导员讨论自己做出复杂决策的思维过程。受督导者有时也会讨论自己的个人问题如何影响到他们的工作，以及要如何防止这种潜在的危害。督导是一个颇有意思的形式，因为就连那些已经执业几十年的专业心理医师也仍在这么做。这项传统是基于这样的观念：我们所有人都有认知盲点，无论我们的经验和才能水平如何。督导员通常不是受督导者工作上的主管， 而是受督导者工作范围以外的人，或是更资深的同事。

督导和指导之间的区别是，督导的目的是确保治疗师尽可能为患者进行最好的治疗。换句话说，这么做是对患者有帮助的，而不只是为了帮助治疗师。想想看你的工作是否可能允许你在上班时间采取这种督导方式。你可以把这个做法解释为刚刚解释的那种督导，目的是对你目前手上的工作有帮助，而不只是关于你一般的职业生涯发展，这样也许更能说服你的主管采纳这个方案。

当评价来自你已知是赏识你能力的人，并且你练习过让自己能够面对这些评价，你就会建立起对评价的耐受，减少逃避评价的行为。这种模式还能让你试着变得更加真实、谦虚和诚实地面对你工作中可能遇到的瓶颈，这些瓶颈也许会阻碍你的生产力和决策，但你将有能力去面对。

练习"便便三明治"

当你要求别人给你评价时，可以请对方以"便便三明治"（poop sandwich）的形式来回应。"便便三明治"是按照以下顺序来给予评价：你做得好的地方、你的问题或该改进的地方、你其他做得好的地方。尝试用这种技巧来提供和接受评价。三明治上下的吐司（正向讯息）必须货真价实，这样的"便便三明治"才会是有效果的。"便便三明治"概念很老套，但几乎每个人都觉得，先得到一点肯定再来听别的评价会容易得多。

先获取一小部分的评价就好

有时焦虑的人会需要时间来思索一小部分的评价，然后才有办法接收更多的评价。就好像你正在架设一个网站，你可能只会先找一至三人来进行初步的使用者测试。

如果你在收到负面评价后，发现自己需要一些时间来化解，那么就善待自己。先听取一小部分的评价与建议是一个很好的方法，通过这样的体验，你能意识到自己可以很好地应对评价，并且在这个过程中能够善待自己。

第八章　逃避：如何停止像鸵鸟一样躲避重大事件

　　在前面的第四章中，我们稍微讨论过关于犹豫不决的问题。现在，就让我们来解决这点：你不太想去做一些你必须去做的事。

　　先进行以下测验，看看本章的内容会与你有什么样的关联。选择你认为最适合的答案。如果没有答案是适合的，就选择一个最接近的答案。

1. 当你对一项重要任务感到胆怯时，你会怎么做？

　　（A）找出我不会感到胆怯的那一部分，并从那部分开始执行。

　　（B）推迟一段时间，但最终还是会去解决。

　　（C）把任务永远归在"太难了"的类别里，而且这个类别中的事情已经多到满出来了。

2. 你花了多少时间去做一些别人可能认为是浪费时间的事？

（A）只花了一些时间，有助于我重振精神。

（B）多到让我有点后悔，但还不至于干扰我完成重要的任务。

（C）花了非常多时间，妨碍了我完成更紧要的任务。

3. 你有多经常花时间在一些不重要的任务上，只因为那些重要任务超出了你的舒适圈？

（A）很少。

（B）偶尔。

（C）你常常可以看到我在反复调整文件的字体。

4. 有没有人曾经因为你逃避任务或相关的问题而对你感到不满？例如，你的伴侣对你很失望，因为你迟迟不肯打电话处理一些让你焦虑的要事。

（A）没有。

（B）没有太公开地表达过，但如果被问起，我的家人和／或同事们可能会说，我的拖延、缺席某些活动或无视必要的任务，让他们感到烦恼。

（C）有，而且这总是争执的重点。

5. 如果你必须去做一些事，但那些事可能会勾起过去失败和负面的回忆，你会怎么做？

（A）采取成长心态，我可以通过正确的练习来进步。

（B）如果非做不可的话，我还是会去做，但有选择的话，我就会避免。

（C）就算可能会导致一些麻烦，我也不要去做。例如上一次找水电工的经历很糟糕，我就不会再找水电工来处理问题了。

6. 当你在执行一个合作项目，而你需要指出别人作业上的问题时，你会怎么做？

（A）决定该在特定情况下直接指出问题，还是要巧妙提出。

（B）给予一些暗示，希望这个人会了解我的意思。

（C）什么都不做，或者向他人抱怨此人的问题。

以下是你答案的解析。如果你的答案：

大部分是 A

逃避面对重大事件并不是你主要的问题。你可以处理让你不舒服的想法和感受，而不会逃避重要的任务。你愿意承受一些焦虑和担忧的情绪来完成该做的事。你可以快速翻阅这一章。除了可以从中获得一些新的想法，你还可以对你生活中有逃避问题的人们有更多的了解。

大部分是 B

还有一些进步的空间。你逃避的程度并没有严重到会让你的生活一团糟（例如，你还是会按时报税），但你倾向于将自己局限在舒适圈之内，这有时会为你带来一些问题。你会去逃避引发焦虑的人际关系互动，例如逃避与主管、同事和朋友之间比较困难的谈话。本章中的一些小技巧能帮助你将答案从大部分是 B 变为大部分是 A。

大部分是 C

你陷入了严重且不断延续的循环，逃避那些会让你感到有压力的事情，但从长远来看，逃避会使你产生更多的压力。你的逃避可能会让你感到整体生活陷入困境或面临瘫痪。本章中的许多内容可以帮助你减少逃避，进而减轻你整体的压力。

逃避是导致焦虑的主要因素之一。逃避可以是行为上的：你逃避面对一些会让你焦虑的情况，或拒绝去做一些会让你焦虑的事。逃避也可以是认知上的：你试图避免去思考一些会使你感到焦虑的事情。如果你不去处理，逃避最终会在心理上吞噬你。"逃避因应"会使你的生活出现更多压力。此外，你越是避免，你的焦虑就越会扩散到其他的事物或情境之中。一旦你逃避，你就错过了学习应对各种情况的机会，也就没有办法通过经验学到更多技能。

在这一章中，你将了解构成逃避的心理机制，并学习到减少逃避的思维与行为策略。由于克服逃避是很难的，你可能会觉得自己有点像是前进了两步，又倒退了一步。然而，即使这种进步模式不尽完美，你仍然会发现整体感觉起来好多了。

调整思维以克服逃避因应

本节将帮助你了解逃避的模式，并让你知道思维转变会如何让你更加相信自己的能力，让你去面对那些你正在逃避的事情。

了解自己：你是停顿者、逃跑者，还是战斗者

当面对想要逃避的事物时，你可以从自己的主要反应看出你是哪一种逃避类型。可能的反应共有以下三种：立即停顿、急忙逃跑和奋力战斗。我们之所以演化出这些反应方式，是因为在面对掠夺者时，这些反应很有用。就像其他动物一样，当我们遇到掠夺者，我们会下意识地静止，避免引起注意，也会逃跑或奋力战斗。

大多数人的反应会偏向其中一种，更甚于其他两种。因此，你可以将自己的反应解读为某一种类型，就像人格类型一样。运用以下段落中的说明辨识出你的类型。要记得，这个类型只是你最主要的反应模式，有时候你也会以其他两种方式做出响应。

停顿者面对他们不想做的某件事时，会真的停下来。他们既不向前也不退后，只是停在半途中。如果有同事或亲近的人叨念着要停顿者去做他们不想做的事，他们往往不会有任何响应。停顿者可能会在人际关系中"筑起高墙"（stonewalling），这个词指的是人们用尽全力拒绝去谈论他们的伴侣想要谈论的某些话题，例如，要不要再生一个小孩或搬到新家。

逃跑者即那些在面对不想做的某件事时容易逃走的人。如果双方争执到气氛紧张而不想再继续讨论，他们可能会直接离开现场。逃跑者易受一连串关系的影响，因为他们宁愿逃避，也不愿意去解决棘手的问题。当逃跑者想要避免去做某件事时，他们会去做很多其他的事情，来合理化自己的逃避。例如，逃跑者可能会帮孩子安排大量的行程，好让自己总是忙东忙西，带着小孩去参加一个又一个的活动，却不去处理自己的问题。

战斗者会通过更努力地工作来应对焦虑。战斗者是最不易逃避焦虑的类型，但他们还是会有自己的逃避方式。当战斗者有一些不愿去处理的事情时，他们经常会独自埋头工作，但不去处理问题的症结。当这种策略起不了作用时，战斗者也不愿意承认，而且会继续埋头苦干。他们多半会避免借由外力的帮助来让事情继续前进，即便他们深知听取他人建议是必要的，但如果这样做会引起焦虑，他们也会逃避听取别人的建议，并且以自己的方式继续尝试下去。

　　一个人在工作和人际关系中展现出来的主要焦虑反应类型——停顿者、逃跑者、战斗者——通常是一致的，但并非总是如此。

　　实验　一旦你确定了自己的类型，想想目前有没有一个情况是你正好在用这种方式来逃避的？你可以尝试哪些不同的应对策略？例如，你的伴侣叨念着要你去完成一件跟计算机有关的任务。但因为你对于跟计算机有关的任何事情都缺乏信心，你便感到很焦虑。如果你是一个停顿者，通常被问到"什么时候要去做"时，你就会避而不答。你可以怎样去改变你的反应呢？

运用"价值冲突"来克服逃避因应

　　人们通常认为内疚是一种消极的情绪。然而，研究显示，内疚往往与听取他人的意见及更积极的行为相互关联，比如说诚挚地道歉和补偿。如果你能了解逃避会使你与自己的价值观相矛盾，你就能好好利用随之而来的"健康的内疚"。

　　举例来说，你的价值观可能是"己所不欲，勿施于人"，但你一直在逃避告诉对方你会拒绝他的要求。想象一下完全不同的情况：如果你在等待别人的回复，难道你不希望别人尽快告诉你答案，好让你能够拟订其他计划？通过觉察出你的价值观与行为之间的差距，就可以找到克服逃避的动机。

　　注意，内疚在心理上是健康的，而羞耻不是。内疚和羞耻之间的区别在于，内疚是对于行为有不好的感觉，羞耻则是对于你的自我有不好的感觉。自我批判通常会诱发羞耻感。

　　`实验`　找出一个你逃避却与你的价值观相矛盾的情况。你该怎么解决价值观和行为间的冲突？

运用"成长心态"来克服逃避因应

　　让我们来看看"固定心态"会如何驱动逃避，以及"成长心态"会如何克服它。你可以回到第四章复习"固定心态"和"成长心态"。以经常会被逃避的一项行为——投资——来举例。那些对于投资有固定心态的人会怎么想呢？他们可能会想："我不懂投资。这完全超出我的理解范围。这不是我能掌握的东西。我注定会在我所选择的投资上犯错。"

拥有成长心态的人又会怎么想呢？更有可能是："我应该可以找到一些专门帮助我这种人的信息。借助一点练习和毅力，我就能学会分辨可靠和不可靠的讯息，并做出正确的决定。"

实验 找出你生活中逃避得最严重的领域，并写下固定心态和成长心态的观点，就像刚才所举的例子那样。

了解"知道总比不知道好"

在上一章中，我们讨论到当人们面对他人评价时，如果评价指出了一些他们没有信心能处理的问题，他们通常会逃避面对这些评价。更普遍的情况是，当人们害怕得到负面的讯息，他们就会倾向于逃避面对，并且不相信自己能够去应对这些讯息。他们宁可像鸵鸟一样把头埋在沙子里。如果你相信自己有能力面对一些令人沮丧的事实，那么你逃避的欲望就会大幅降低。

假设你正在逃避制订退休计划，因为你很害怕发现自己没有足够的储蓄去过舒适的退休生活。如果情况真的是这样，你会如何面对呢？你会决定上床睡觉，然后再也不要醒来吗？不，你不会的。你可能会采取一些不同的应对行为（像是改变你的支出与投资模式），也可能会调动一些不同的应对情绪（例如让自己对于过去犯的错误给予包容）。

　　实验　找出一个你因为害怕自己无法面对，就决定采取逃避的例子，具体且鲜明地想象你会怎么做。你可以进行三分钟的写作实验，或者思考一下就好。有哪些可能的新想法，能让你发现自己应对的能力？例如："如果要着手解决我的债务问题，我可能会有一段时间被焦虑淹没，但接着我会找到前进的方向，而我的财务焦虑也将变得更容易应对。"

察觉到拖延下的思维扭曲

　　我们每个人都会拖延，但焦虑和逃避的模式可能会导致拖延的情况失控。关于这点的好消息和坏消息是，拖延背后的思维模式，就跟前面章节提过的那些思维偏误是一样的。尽管这些概念在理论上看似简单，但思维偏误总是鬼鬼祟祟地出现，很难被发现，就像那些会以不同形象出现的多面人一样。想要更加深入地理解，大家通常需要听到一些跟他们所面临的情况相关联的例子。因此，即使我们之前已经讲过了一些，永远还有更多例子可以举出来。当你发现自己正在拖延时，就浏览以下这个思维偏误的列表，看看是否有帮助。当你确定自己的思维偏误时，这个列表将帮助你找出一个让你继续往前的方式。

　实验　如果你会因为以下思维偏误而拖延，就在右栏打个钩。
接着，想想有没有一个你目前正在逃避的任务，就是其中一项思维
偏误造成的。试着换一种更有帮助的想法。

思维偏误	范例	我就是如此 （请打√）
"全或无"的极端 思维／执着的思维／ 坚定的标准／完美 主义	• 你需要整理房间，但没有动力。 　你宁可什么都不做，也不愿整 　理一两样东西。 • 你认为每件事都要做得很好。 　如果你无法达到一个优秀的水 　平，你通常就会完全逃避它。 • 你对自己所能完成的事设下了 　不切实际的目标，导致你彻底 　逃避所有的事，因为事情多到 　让你不知所措。	☐ ☐ ☐
负面预测	• 你认为只要去尝试就会失败。 • 你不愿意去询问他人，因为你 　认为其他人一定不感兴趣或者 　会拒绝（猜测他人心思）。 • 你推迟了听取用户评价，因为 　你预期评价一定会是负面的／ 　你不愿让客户试用产品。 • 你高估了任务的难度或不愉快 　的程度。	☐ ☐ ☐ ☐

续表

思维偏误	范例	我就是如此（请打√）
低估了自己的应对能力	• 你低估了自己的应对能力，认为你无法面对无聊的、有压力的、引起焦虑的任务。	□
当作有针对性的：你放大了任务对你个人而言的困难程度，而不去看任务本身是否困难，这也给了你借口去合理化你的逃避行为	• 你认为你解决不了某事是因为你太愚蠢，而不是认为这件事本身具有挑战性，需要慢慢学习。 • 你认为自己是唯一遇到问题的人。	□ □

调整行为以克服逃避因应

　　想要彻底处理逃避问题，调整思维只有一半的功效。你必须将你的思维转变与一些行为转变相结合才行。你为减少逃避做的行为转变越多，你在第一时间想要退缩的冲动就越少。换句话说，你的行为能够影响你的想法和感受。结合前面讨论过的思维调整，本节中的策略将帮助你在逃避的习惯上做出重大改变。

"逃避等级"大闯关

在前面第五章有关反刍思考的内容里，我们提到过"想象暴露法"。现在让我们看看另一种类型的曝光法。几乎所有用于治疗焦虑症的 CBT 版本都会包含所谓的"曝光等级"。这个概念很简单。先列出所有你会因焦虑而逃避的情况和行为。接着，根据焦虑会引发你逃避的程度，在清单上的每一个项目旁写下一个数字，可以从 0（完全不会引起焦虑）到 100（你认为马上就会引发你的恐慌）。例如，在会议上试着与领域中的名人交谈，你的逃避等级可能是80级。

按顺序来排列你的列表，从等级最低排到最高。这么做的目的是建立一个列表，来看看每十级之内你的逃避行为有哪些。比如说，在你的焦虑量表上，20级到30级之间有哪些，30级到40级之间又有哪些，以此类推。有了这样的了解，遇到事情时你就不会一下子变得过度焦虑。列表中记得省略那些虽然会令你焦虑，但实际上并不重要的事情（像是去吃炸昆虫）。

从列表中最低的等级开始，计划你会如何处理每十级中的焦虑情境。可能的话，多去面对几次你原本会逃避的那些情境，再去计划下一个十级的处理方法。如果你决定要去跟一个很凶的同事说话，那就多去交流几次（也可以多找其他同事聊聊），接着再来处理下一个十级。

当你从列表上最低的等级开始做一些你本来会逃避的事情时，你就会慢慢有信心去做一些原本让你更焦虑的事情。重要的是，在这个过程中你不能采用所谓的"安全行为"，像是接近那位领域名人的时候穿着自己的幸运内裤，或是过度排练自己打算说的话。

心理学界普遍认为，前面所述的那种曝光法是减少焦虑问题的最有效方式。在临床环境中，接触曝光法的人往往会获得最大的治疗效果。甚至有一些研究结果显示，仅仅进行曝光法练习，就可以达到和大量思维治疗一样的效果。因此如果想大幅增益你的成果，就试试曝光法吧。如果你发现独自进行太困难了，可以考虑寻求治疗师的帮助。

尝试一个克服逃避因应的 30 天计划

逃避的习惯并不是你在弹指之间就可以改变的。制订一个 30 天计划，逐渐转变逃避行为，将对你很有帮助。如果你觉得 30 天计划看起来更吸引人或与你更有联结，可以使用这个方法来代替曝光法。

在这 30 天里，尽可能多抓住机会来减少你平时的逃避。如果你不知道从哪里开始，这种方法将会帮助你克服任何可能随之而来的问题。在各种情境出现时，你只需要专注于如何采取行动，即使你不太确定哪些行动才是正确的。举例来说，如果你看不懂那些将照片备份到云端的选项，你可以询问你最精通科技的朋友，看看他是怎么做的，然后先按照他的方法来做，之后再随时调整方法。

在克服逃避时，不要有那种"全或无"的极端想法。面对那些宁可不去处理的事情时，每个人都会只有一定程度的意志力，因此我们的目标是一步一步慢慢地解除你的逃避习惯。如果你有时又掉入逃避的陷阱，这也是意料中的事。

下一步

当你逃避某些事情时，试着找出你需要采取的下一步行动，然后就去做。如果你遇到一些法律问题，并且对此感到不知所措，那么你需要采取的下一步行动就是寄信给律师朋友，并要求转递。如果你的花园长满了杂草，你需要采取的下一步行动就是找出园艺工具。如果你的智能手机出现问题，你需要采取的下一步行动就是备份。如果你要买新的笔记本电脑，你的下一步行动就是决定你的预算。记住，你选择的下一步不需要是大动作。一般来说，试着想想你在 15 分钟或更短的时间内能做些什么。一定要提到《尽管去做》（*Getting Things Done*）这套书，它让"找出下一步"这个概念变得更普及。咨询我的患者大多认为这个概念很有帮助。

利用科技工具来克服逃避因应

有许多科技工具都可以帮助你克服逃避。虽然你可能不想花费大量时间来研究这些工具或进行设置，但使用工具可能真的会对你有帮助。以下是一些例子：

- 如果你经常花过多的不必要的时间来考虑如何回复电子邮件，那就试着回复得快一些且短一些。注册电子邮箱账号，并开启"取消发送"的设定，让你可以在 30 秒内撤回你刚发出的电子邮件。让人惊讶的是，通常这 30 秒就足以让你发现自己信中忘记说的话，或想要用不同的词语来表达的重要内容。

- 你可以使用浏览器中的一些插件，来避免你花费过久的时间使用某些网站。例如，你可以使用这些插件，限制自己每天只能使用脸书半小时（可以到 TheAnxietyToolkit.com/resources 查询推荐的插件）。

- 如果在经营自己的小生意，但不擅长保留业务支出的凭据，你可以使用一些应用程序来辅助，在程序中输入你的信用卡账号，在你小额消费时，程序就会自动记入（可以在 TheAnxietyToolkit.com/resources 查询详情）。

如果有的话（很高的概率是真的有！），试着找出两到三个对你非常有帮助的应用程序。一旦你知道自己想要解决什么问题，你就可以找到与你的需求最相符的应用程序。Lifehacker 就是一个可以让你找到所需应用程序的网站。

对你逃避的小任务展开突袭

没有急迫性的任务通常让人没有意志力去执行，因此最后总是越积越多。举例来说，你可能有一堆订了却不想看的杂志、用不到却需要收年费的信用卡，或应该取消的服务。如果你有这些用不了15 分钟就能解决的任务，你其实可以一次突袭其中的两三个。想想你何时可能有时间和意志力来做这件事，预计在何时何地完成它，并确保你处理每件事所花的时间是符合实际需求的。此外，不要将很花时间的任务与可以快速处理完的事情混在一起。"突袭"指的是那些小事而已。突袭多项任务的另一种做法是制作一份清单，然后每天快速完成一件小事（少于 15 分钟的任务）。尝试找出哪种做法最适合你。

奖励自己

在你完成了一项你一直在逃避的任务之后，花些时间放松一下，享受你的劳动成果。比如某天晚上你清理完橱柜之后，就去沉浸在你最喜欢的电视节目之中，就这么简单。获得奖励的行为将更有可能持续下去。因此，通过奖励自己，你接下来更可能去解决其他一直以来逃避的任务。

选择一些真正能鼓舞到你的奖励。像那种会让你之后感到后悔的超大包薯条，就不是一种奖励。一般的心理学原理是，当奖励与被奖励的行为不谋而合时，奖励的效果最好。也就是说，人们逃避的通常都是困难的事情，所以在处理完一直逃避的事情之后，让自己放松也是很合理的。

如果解决某件本来你在逃避的事能让你省下一笔钱，那么你也可以允许自己把一些省下的钱花在另一个对你更有价值的地方。如果你取消了一个每年 50 美元的订阅，是你实际上没有在使用的，那么你可以让自己去购买其他你一直想要的东西。这是一件自然而然的事，如果你在某一个方面花费较少，你在其他方面就会有更多钱可以运用，因此这个奖励是十分适合的。

实践缩小版本的任务

试着将一个你推迟许久的任务简化，并去实践这个简单的版本，将其当作一个行为实验。有时你需要将任务内容去芜存菁，但你要做的是压缩这个任务内容，而不是使其变得更零散。让这个任务的内容变得更适合你，符合你的需求、偏好，还有你可用的时间、金钱、精力、意志力。以下例子能让你更加了解我的具体意思。

大的版本	简单的版本	最简单的版本
制作完整的时间表。	制作每天之中一小部分的时间表，例如早上。	在每天下班前，安排一项第二天的任务。
重整你的厨房。	更换橱柜。	粉刷你的橱柜。
每天冥想 20 分钟。	每天正念散步 3 分钟。	每天早上下床前进行一次正念呼吸。
记录所有开销。	记录你最容易超支的部分，例如食品杂货。	记录你每周去超市多少次。

　　要注意，我并不是说缩小版是比原版更好的选择，只是有时原来的版本需要花很强的意志力才能实践。因此，要去找出与你的意志力相符的最佳选择。制作一个与上方举例相似的表格，引导自己去找出一定数量的替代方案，并避免一下子面对过多的选项。调整表格内容，让它更符合你的需求。

　　正如我们在第四章中所讨论的，若不去计划何时何地完成某事，你可能就不会去实践这件事了。如果连制订任务计划都让你想逃避，那么很有可能是你根本不想去完成这项任务。更有可能的是，你正咽下一个非你能力所及的任务。因此，选择一个较小的动作来执行，这是你愿意去计划在何时何地要执行的。

采用灵活的方法来减少拖延

拖延并不总是一件坏事。有时候，拖延的冲动是一种提示，让你知道自己心理上需要休息一下，如此一来当你重新展开任务时，你就能重振精神并且更有效率。但是，如果你认为拖延已经对你构成问题，试试看以下方法：

- 完成一些工作之后再休息，而不是工作开始之前先休息。
- 如果你要拖延，那么至少用拖延的时间去做一些有用的事情。如果你有两件正在逃避的事，选其中一件较有吸引力的事来执行。回想一下高中或大学时期，你可能还记得，当你本该为考试而念书时，整理房间突然变得更有吸引力了。
- "反拖延"的策略使用了一段时间之后，很可能会突然失效，那么你需要经常切换策略。例如，你可能会发现，每晚睡前先将一套干净的运动服放在车上，会让你第二天更有可能去健身房。但是，这可能只在刚开始几个月有用，接下来你就开始跳过健身的行程了。如果发生这种情况，就切换你的策略。也许你需要尝试其他类型的运动。也许问题出在你的工作太忙，让你没有任何意志力可去健身房。如果是这样的话，想要解决问题，你就需要减少在工作中消耗的意志力。

PART
THREE // 下一步

往哪里走

Where to Next?

第九章　管理焦虑 vs 过生活

通过本书的第一和第二部分，你一直专注于打造自己的焦虑工具包。本章将教你如何在未来几个月内强化和提升你的技巧，而不会让你觉得好像成了自己的全职心理医生！

先进行以下测验，看看本章的内容会与你有什么样的关联。选择你认为最适合的答案。如果没有答案是适合的，就选择一个最接近的答案。

1. 你觉得将你焦虑工具包中的技巧融入日常生活是否容易？

（A）就像要我每天都吃冰淇淋一样简单。我不会觉得负担过重。

（B）感觉还可以，但我想再简化它一些。

（C）感觉好像很艰难。

2. 为了继续前进，你要修正自己最大的偏误。你有多了解自己的思维偏误？

（A）这很容易。我知道自己最常陷入的思维陷阱是哪些。

（B）我了解我常陷入的思维陷阱，但我还没有去处理它们。

（C）我还没想过。

3. 你是否能在当下就发现自己的思维偏误，还是事后才察觉？

（A）通常在事发当天就会发现。例如，我可能会在下班回家时意识到我白天把别人的评论当作是针对我个人的。

（B）都有，有时候当下就能发现，有时候要事发之后很久才会察觉。

（C）只有在阅读焦虑相关信息或与咨询师交谈时，我才会发觉自己的思维偏误。

4. 你有多清楚自己应该继续调整哪些与焦虑相关的行为模式？例如，逃避面对。

（A）这很容易，我知道前面讲过的哪些行为模式是我最大的问题。

（B）我的清单太长了。我需要缩小范围来厘清我最有问题的行为模式。

（C）天哪，我还没想过。

5. 你的生活中是否有一些例行事项是可以让你的焦虑引擎冷却下来，并且有助于防止它反应过度的？

（A）有，我从反刍思考那一章中学到一些练习，并会做一些正念冥想。

（B）应该有。但这些例行事项有时有帮助，有时没有。

（C）不，几乎没有。

6. 你能否持续执行这些冷却焦虑引擎的例行事项？

（A）我能持续，这些例行事项就跟我每天都要刷牙一样是标准程序。

（B）老实说，如果我很忙，我可能会跳过这些事。

（C）这些事项仍然让我觉得太艰难了。

以下是你答案的解析。如果你的答案：

大部分是 A

你做得很好。看来你已经大致想出如何将你的焦虑工具包技巧融入你的日常生活了。在思维陷阱和行为陷阱上，你很清楚自己需要关注的是什么。本章中最能让你感兴趣的可能是有关增强认知行为技巧的部分，而不是那些与焦虑直接相关的处理技巧。恭喜你努力到目前为止所获得的成果。

大部分是 B

你几乎处于良好状态了。你一直在专注学习核心概念，但现在是时候整合和简化了，找出那些可以让你继续前进的焦虑工具包中的技巧。本章将帮助你强力聚焦在你所处的状态，以及当你继续过生活时，哪些思维与行为陷阱是你最需要谨记在心的。

大部分是 C

当人们执行一个大项目时，比如进行大型家装或学习认知行为技巧，若所有事情相继发生，通常情况就会变得非常混乱和胶着。你还处在这种混乱的阶段。没有关系，本章将帮助你从这个阶段开始继续往前，让你的答案从大部分是 C，转变为大部分是 A。

人们接受焦虑症治疗的治疗期通常持续三到六个月。之后，人们通常会尝试使用他们学会的技巧。

如果你一段时间都在集中精力处理你的焦虑，并且取得了一些了解和进步，那么可能是时候从这种集中精神的状态中抽离并休息一下了。本章和之后的两章，将帮助你在继续练习焦虑工具包技巧和继续过生活之间取得平衡。你可以继续留心察觉和对抗你的思维偏误，以及其他和焦虑相关的行为模式，但把这些关注都移动到背景之中即可。

将焦虑视作次要的关注焦点

以下是一些方法，让你开始将焦虑转为你生活中次要的关注焦点。

简化你的关注

我们已经讨论了许多不同类型的思维偏误和行为陷阱。大多数人会不时察觉到一些偏误和陷阱，但可能其中只有一些对他们来说是最重要的问题。例如，负面预测（预期消极的结果）和"全或无"的极端思维，往往是人们最常见的两种思维陷阱。试着从我们讨论过的内容中，找出你最常陷入的两个思维偏误和两个与焦虑相关的行为陷阱。你列表中的行为模式可能包括过度卖力试图缓解焦虑，在感到焦虑时逃避面对，或者在感觉不确定的时候，就要犹豫很久才采取行动。

当你感到高度焦虑或感到困难，并且正试图找到前进的方向时，首先要看看你最常见的错误模式是否正在运作。试着提出其他更平衡的想法和做法。如果你的四种常见的错误模式似乎都没有对你构成问题，那么你可以更广泛地看看我们已经讨论过的其他陷阱，以了解可能正发生在你身上的状况。

每周检查一次

　　不要一直关注焦虑，而是尝试安排每周一次的自我检查。那些之前每周咨询一次的患者，通常会安排在相同的时间进行，只不过不再是咨询我，而是与自己交流。你也可以这么做。

　　选择一个适合你每周进行一次自我咨询的时间和地点。找一本笔记本（也可以使用手机上的笔记软件），记下你每周咨询时可能会想要处理的问题。到了咨询时间，把这份列表当作你的讨论事项。如果一周内发生了很多问题，导致你的清单很长，那就选择一到两项最重要的来处理。

　　这个过程会让你花一点时间去关注一周之中引发你焦虑的所有问题，可能你没有机会在事发当下就去处理，或是你尝试处理了却不见成效。如果一周内你曾陷入一些行为陷阱，像是过度卖力或是逃避因应，也要记得记录下来。

　　针对每一个问题，翻阅本书中最相关的章节，并尝试从该章节里找出解决方案。例如你发现自己正在对某个问题反刍思考，却没有去采取解决问题的行动（意思是你没有从"思考问题"转向"采取行动"），那么你就可以先尝试理出问题的头绪，想出能够处理问题的最好的三到六个方法，接着选择其中一个方法，并计划在何时何地实行这个解决方案。

计划、嗜好和运动

现在正是时候，你该开始将自己的关注焦点转向新的计划、嗜好和兴趣了。

有没有哪件事是你因为焦虑而一直推迟，并且你很想要在接下来的几个月专注去做的？可以是约会、每周与朋友聚餐、开始一项投资计划，或寻找比现在的工作更适合你的职业。

现在也是考虑动起来的时候了。运动能自然而然地抗抑郁和抗焦虑。我不想在这里细说这一点，因为运动的重要性大家都已经听过一百万次了。然而，如果不把运动当作焦虑的一种解药，那就是我的疏忽了。对很多人来说，着重于运动能为心理健康带来的好处，会比着重于身体健康更能让他们愿意去运动。为什么呢？因为只要去运动，你或多或少都能获得心理健康方面的益处，但身体上的益处可能要到很久之后才会有所显现。

焦虑的人有时迟迟不去制订运动计划的原因是：这些不喜欢未

知感的焦虑者，有时会因为混乱的信息而停顿下来，他们不确定到底该做多少运动，也不确定运动的强度应该多大。最基本的原则是：尽可能将运动融入生活。只要你在做的运动是安全的，对你的健康有帮助，有运动永远比什么都不做来得好。

练习正念冥想

正念冥想或许只是一种缓慢的呼吸习惯，却能帮助许多人控制焦虑。做法可以非常简单，在你下床前做一次缓慢的呼吸，当你发现自己焦虑飙升时做四到六次缓慢的呼吸，或者每天做三分钟反刍思考章节中提到的任何一种正念冥想。如果你对自己的正念冥想或例行运动感到有点厌倦，就换一个方法。

用适合自己性情的方式生活

在前面第二章中，我们讨论过每个人都有不同的特质，例如每个人的社交频率都有所不同，每个人适应变化时需要耗费的心力也不同。当你用与自己的天性契合的方式来建立生活习惯和环境，你就可以感受到自己处于平衡状态。这将能帮助你避免经常被焦虑困扰。以适合自己性情的方式安排生活，你就会有时间去处理生活中那些让你感到焦虑的事情，并且平静下来。你可以在以下方面用适合自己性情的方式安排生活：

- 生活要适当地忙碌。例如，有足够的下班生活或周末活动，
  能舒缓地为你注入活力，但不会过度刺激你或让你感到混乱。
  请注意，刺激太少（比如说，没有什么你感到期待的活动）
  跟过度刺激一样，都会产生问题。

- 选择适合你体力水平的活动。让你的身体活动处在合适的水
  平上可以是一件简单的事，例如离开座位并定期散步以保持
  自己的平静和活力。提东西（例如拎着购物袋爬楼梯）也可
  以增加活力和能量。做一些会让你感到愉快的事及保证足够
  的身体活动，能帮助你免于受到抑郁的侵扰。

- 在你的生活中保持适当的社交联系，并安排一些例行行程，
  好让社交活动变成一件你自发去做的事。例如，周五下班后
  与朋友一起喝酒，或和姐妹一起参加每周课程。进行适当的
  社交联系也包括建立机制以避免过多的打扰，例如安排好办
  公时间，而不是随意安排社交行程。

- 在生活中维持变化和习惯之间的平衡。像是选择放假是要去
  一个新地方度假，还是要回某个你知道自己喜欢的地方。变
  化和习惯之间的平衡，应该取决于你的天性，以及你对这两
  者的感受。

- 给自己适度的心理空间去做一些事情，像是给自己足够的时
  间去考虑要不要开始做某件事，但不是考虑得久到变成一种
  逃避。

- 如果应对人、事、物的变化会耗费你大量的精力，那么要对

自己有耐心，如果你会因为惯例或计划被改变或打断而感到激动，更应该如此。就像第二章所说的，当你在某一个领域中探索变化时，记得要在另外一个领域中保留一些习惯和稳定关系。

- 了解哪些类型的压力让你感到最难应对。在找出替代方案之前，不要主动让自己去承受这些压力。比如说你想要一栋新房子，但你知道若有太多细节要决定，你就会压力很大，那么你就可以选择购买已落成的房子，而不是买地自己盖房。如果你知道家居装修的细节也会激起你的焦虑，那么你可以选择搬到全新或是最近翻新的房子，而不是在你现居的屋子里做任何重大的改装或买下屋况不佳的房子。有限度地去避免一些状况是非常有帮助的，别让自己面对那些会让你筋疲力尽的压力。

向外接触

当你已经内省了好一段时间，就可以花些时间转向外在世界，关注一下你与他人之间的关系。你在自己身上投入了许多努力，有时很容易忘记别人的情感需求。如果你有配偶或伴侣（或孩子），对方现在的情感需求会是什么呢？又需要你给予什么样的情感照料和鼓励？我所指的不一定是那些很严重的事，或许只是你已经不再有每天给对方早安吻和道别吻的习惯，也可能你的配偶跟你一样有一些思维偏误，那么你们可以一起努力。

如果你有配偶或伴侣，问问对方现在和接下来几个月需要什么样的照料和鼓励。如果没有得到明确的答案，那就试着注意自己每天向对方道别和打招呼的方式。对大多数伴侣来说，道别和打招呼时应该包括一些肢体接触，这对你与对方的关系和减轻你的焦虑都很有帮助。另外，要确保你在下班后重新见到你爱的人时，所说的第一句话是正向的，而不是一些抱怨。还要确保你在一天结束时对你所爱的人说的事是积极的，而不是抱怨、牢骚或一连串颐指气使（这些都是很容易掉入的陷阱！）。

如果你单身，或者你想要多关注与朋友或家人间的关系，那么你可以问问自己，这些与你有着密切关系的人，现在会需要哪些照料和鼓励。

学习曲线

此时你可能会认为，察觉自己的思维偏误并使之平衡是一件超级困难的事，也想要知道这一切是否会越来越容易做到。好消息是，答案是肯定的，会变容易的。练习越多，就越能自然而然地察觉自己的思维偏误。首次尝试修正自己的思维偏误时，你往往会发现焦虑症状很快就获得改善，而过了一段时间之后，你会看到另一种改善，那就是修正那些会引发焦虑的思维偏误对你来说变得越来越不费力了。

就我个人而言，目前我一点也不觉得这些事费力。我仍然有那些会导致焦虑的想法，但现在它们就仿佛是拼错字而已，而我已经有了一个会自动修正的内建机制。修正那些导致焦虑的想法，已经变得跟第一时间感到焦虑一样是一种本能了。当你也达到这个阶段时，你会发现自己能够更轻松地应对事件和压力，自然而然地感到更加（但不是完全）成熟和放松。我仍然是一个喜欢事先做好准备的人，并且随时留意着潜在问题，但我现在也有许多"禅"的时刻。

通过持续关注你的思维偏误和逃避模式，你也可以达到这样的阶段。但是，你不需要每时每刻都注意自己是否出现思维偏误，而是只在感到沮丧、焦虑、不知所措或者被困住时才去寻找它们。将你所遇到的困难或痛苦当作一个提示，问问自己是不是你最大的思维偏误正在作祟。

事后或事发当下

如果你到目前为止只花了几个月的时间来研究你的思维偏误，

那么你可能仍然处于事隔许久才注意到偏误的阶段。继续努力下去，你就会发现，有时候你也可以在事发当下或者刚发生没多久就发现自己的思维偏误。比如说，你可能注意到，你对于白天发生的事情感到苦恼，到了晚上你就意识到自己一直在揣测别人的心思：不断假定对方的想法，但其实你根本不知道对方是否真是如此。

两种情况可能会交错出现，有时候你很快就发现了自己的思维偏误，有时候则是左思右想了好几个月，甚至是好几年后才注意到。或许是得到了一些新信息或证据，然后你才意识到你一直在坚持某个扭曲的想法。

举例来说，我最近遇到的情况是，我暗自认为我的一位老师会对我的职业生涯成果感到失望，因为我没有继续留在学术领域。然而出乎意料的是，我听说实际上我的老师对我的成就感到印象深刻。这个新的讯息修正了我长久以来的揣测。无论你有多么擅长发觉自己的思维偏误，有时候你还是会被它们牵着鼻子走。那就放宽心接受"迟来总比没有好"的事实吧！你越是专注于那些经常造成你焦虑的思维偏误，就越能够快速地发现它们。

同样的策略也可以帮助你摆脱最棘手的行为陷阱。就像你的思维偏误一样，将焦虑、受困和不知所措的感受当作提示，问问自己是不是你最常陷入的行为陷阱正在作祟。

当你发现自己陷入了最常见的行为陷阱时，要确保你有一个替代的行动方案。例如你设定了一个过高的目标，结果你感到不知所措因而停顿下来了，那么你的替代行动就是将这个目标下调到不会再使你感到不知所措的程度，适时地让自己从行为陷阱中脱困。若没有办法，就将这件事新增到你每周的自我检查事项上，慢慢地处理。

别把管理焦虑当成一件随时待命的工作

如果你正在想的是"我不想要一辈子都在处理焦虑"，那么你的想法是正确的。你可以使用一些不同的方法来持续提升你的焦虑工具包技巧，但不必担心管理焦虑会变成你的第二份（或第三份）全职工作。

我们已经讨论过第一种方法：找出哪些思维偏误是你每日关注的重点，简化它们，然后每周自我检查一次，以解决你当时无法成功跳脱的陷阱。

第二种方法则是在你的日历上预设一个时间，到了时间就重新阅读你在本书中获得的所有材料。可以暂时把这本书放在一边，继续过你的生活，六个月后拿起来重读，到时你会发现自己已经是一个中级自我行为认知学家，而不再是一个初学者了。到了那时候，你也会发现自己与这些材料有了不同的联结，因为你对这些概念早已基本熟悉。

　　第三种方法会吸引那些喜欢思索自己的想法的人，还有喜欢自我反省的人。其实每一个人多少都会有一些思维偏误，但这些偏误并不一定都会引发焦虑。想要进一步提升你的认知行为 IQ，你可能希望能够觉察出自己是何时及如何陷入这些思维陷阱的。如果你选择要这么做，我已经整理了一份包含 50 个常见思维偏误的清单放在网站上（可以参考 TheAnxietyToolkit.com/resources）。

　　有些人会觉得现阶段要去学习更多关于思维偏误的知识，对他们来说是不堪负荷的。另一些人则想要转移自己对焦虑的关注，并且在发现原来思维偏误是一种很正常、很常见的现象之后，便感到松了一口气。通过了解其他常见的思维偏误，你可以持续增进你对于认知行为心理的理解，而不用随时随地把焦虑当作关注焦点。更加全面地提升觉察思维偏误的能力，能够帮助你更容易找出自己焦虑的模式。

　　下一章中，我们会进一步排除一些会阻碍你减轻焦虑的"故障"。大家通常不会意识到正是这些问题妨碍了进步，因此我接下来就要为你指出这些问题。

第十章　容易绊住人们的地方

　　本章延续了前一章的主题：你已经有了一个足以应对焦虑的技巧工具包，并且正在进入强化技巧的阶段。现在，我们将转而关注在这段时间里可能会绊倒你的一些常见问题，而这些问题可能是你没有意识到的。当你可以辨识出这些问题时，你就能避免它们，并朝着"低焦虑"的生活继续迈进。

　　先进行以下测验，看看本章的内容会与你有什么样的关联。选择你认为最适合的答案。如果没有答案是适合的，就选择一个最接近的答案。

1. 你的生活方式是否平衡？

　　（A）我每天都会有一些自我恢复的时间，即使只是 10 分钟什么也不做。

（B）我目前有一些压力的瓶颈需要疏通一下。

（C）我的生活十分不平衡，光是听到"平衡"两个字，就让我压力很大。

2. 你是否仍然高度自我批判？

（A）不会，我会经常给予自己包容。

（B）我现在比较能够给予自己包容了，但有时仍然会用纠察队队员的眼光检视自己。

（C）我觉得我还是会经常自我批判，但大多数时候我都没注意到自己正在这么做。

3. 你有多了解"反刍思考／担忧"和"解决问题"之间的区别？

（A）像水晶一样透彻地了解。

（B）大致上清楚，但解决问题时偶尔还是会犯反刍思考和担忧的错误。

（C）我仍然花费大量的时间在思考问题上，却无法将思考真正转化为有效的行动方式。

4. 当你正在经历压力或焦虑，并且和别人聊起这类话题时，你是否会替自己设下一些界限？

（A）和别人聊起压力和焦虑时，我只会去讨论那些对实际情况有帮助的部分。

（B）我没办法明智地选择何时该谈论跟压力有关的话题。

（C）有时候我的思绪全都被压力和焦虑占据了，导致我一直在讨论它们。

5. 你花了多少时间和精力试图改变别人？

（A）只花了一些时间在有用的地方上。

（B）可能比真正有用的时间再多一点。

（C）我一直想着要改变别人。结果对所有人来说，这都是在做无用功，但我还是一直陷入这个陷阱，不断做着相同的事情，期待会有不同的结果。

6. 对恐慌发作的恐惧感是否会妨碍你享受生活？

（A）不会。

（B）不太会，但我还是有些担心当恐慌发作时我该如何应对。

（C）会，也会因为担心恐慌发作就选择不去做某些事。

　　以下是你答案的解析。如果你的答案：

大部分是 A

　　你做得很好，已经不太会被一些常见的陷阱绊倒，这些陷阱通常会影响其他人，并持续使他们感到焦虑，但你不会如此。通过阅读本章，你还是可以获得一些新的见解，让你进步。

大部分是 B

就算已经照着焦虑工具包内的技巧去做了，还是有一些陷阱让你的焦虑持续存在。你的答案显示了你目前还有一些掉入陷阱的风险。阅读本章将让你分辨出自己最容易受到哪些陷阱的影响，并且找到解决方法。

大部分是 C

尽管在学习认知行为技巧上，你已经付出了很大的努力，你眼前仍有一些会导致焦虑持续存在的"绊脚石"。仔细阅读本章中的信息来避开这些陷阱，将答案由大部分是 C，转变为大部分是 A。

通往成功的道路并不一定总是平坦的。你会遇到岩石和坑洞，但这些挑战并非无法克服，你只需要绕过它们就好。面对生活中的焦虑也是如此。总会有一些地方，是人们容易被绊倒的。了解这些陷阱，你就能避开它们。如果你在阅读本章时发现自己常常想着"对！我就是这样"，请记得我说过的，这些都是常见的陷阱，所以不要对自己太过苛刻。

生活方式不平衡

我见过许多焦虑的人，他们都很容易把责任往自己身上揽。他们不喜欢让任何人失望，也通常努力避免冲突或避免让其他人对他们不满。他们往往对自己的表现有着很高的标准。这一切行为最后会组合成什么样的结果呢？那就是，他们让自己承担得太多了。

其实在内心深处，很多人都知道自己需要改变哪些生活方式来减轻压力。可能是你需要辞去一个每周都超过 40 小时的工作，因为你的老板不断地挑战你的底线，想从你身上压榨出更多成果。你们可能进行了一次尴尬的对话，过程中，对方试图让你陷入愧疚感，好让你最终同意继续承担额外的职务和责任。也有可能是你需要去挑战你原本无法容忍的那些不确定性，并放手将一些工作外包出去。或者你手头上并非一直有大量的工作，那你需要去学习的可能就是调整那种认为自己没有价值的想法。

每个人都需要时间来处理并从日常的压力中恢复过来。作为容易焦虑的人，我们更需要空出这段恢复时间，以处理那些引发焦虑的事件，并慢慢把事情做好。如果你将工作或任务塞得太满，那么理所当然会引发焦虑，这可就不是错误警报了，而是一个真正的警报，提醒你需要做出改变了。

改变生活方式经常会大大地影响人们应对压力的心态和方法。如果你的问题根源是时间安排，那么就算你改变心态，效果也是有限的。在咨询我的患者身上，我一次又一次地观察到这样的模式：如果他们的生活过于忙碌，减少行程之后，他们就会发现要做出更好的选择变得容易多了。

改变生活方式的其中一个障碍通常是社会比较。在寻找适合自己的时间安排方式时，别拿自己与他人做比较（你还是可以比较，但一点帮助也没有）。对别人来说易于管理和平衡的时间安排方式，不一定就会适合你。

> **实验** 若要改变你的感受，就要做出外在的改变，例如改变你运用时间的方式，也要改变你的内在，例如你的思维。若要在你的生活中安排一段恢复时间，你认为你有哪些心理障碍需要克服？

持续自我批判

如果有一种焦虑习惯似乎是特别难打破的，那一定是自我批判，但这是一个你绝对需要去打破的习惯。当你用自我包容而不是自我批判去应对那些未按计划进行的事情时，你会发现自己能做出更好的选择。对自己宽容一些会创造出心灵空间，好让你在其中更清楚地思考需要解决的问题，并且带给你信心，让你相信自己已经拥有解决问题的能力。

> **实验** 克里斯廷·内夫（Kristin Neff）博士是自我包容议题的权威之一，她慷慨地为大家提供了自我包容的测验，你可以到她

的网站（self-compassion.org）上进行测试。这个简短的测验将自动计分，并且让你知道你的自我包容是否仍有加强空间。

如果你自我包容的分数很低，将分数记在你的月历上，每隔一段时间，比如每个月或每三个月，就重新进行一次测验。如果你想要更专业一点，也可以将你的分数绘制成图表，并确保图表中的数字朝着积极的方向前进。

克里斯廷的网站和她的著作《自我关怀的力量》（*Self-Compassion*）中，都有一些强化自我包容的练习建议。其中有一些主题，像是正念，你已经通过本书熟悉了。如果你需要提高自我包容度，可以试试她登在网站上和书中的练习，再配合我在第五章中提到的一些方法。自我包容是目前心理学的一个热门议题，因此你也可以在网络上搜寻其他你感兴趣的练习。

小提醒：第一次了解并进行自我包容的练习时，你可能会觉得其中的某些方式听起来有点玄或没什么科学根据。如果你找到的练习并不吸引你，那就再找一些你更喜欢的。

允许自己无止境地搜集信息、反刍思考和担忧

"允许自己反刍思考和担忧"这句话乍听之下似乎有点奇怪，

毕竟谁会想要任凭自己不断地反刍思考和担忧呢？但是，请记住，反刍思考和担忧经常伪装成别的模样，让你以为自己正准备采取行动或要去处理未来可能出现的问题。

　　人们经常允许自己无止境地思考接下来要如何采取行动，为什么没有采取行动，为什么别人要那样做，或者思考某个决定、问题（包括可能发生的问题）。正如我们讨论过的，要解决问题就应该具体地定义问题的所在，列出一个简短的清单，包含几个能使你继续前进的最佳方案，选择其中一个做法，并决定要在何时何地实施这个解决方案。

　　如果你正在进行某一些类型的思考，并且顾自将正在做的思考认定为"解决问题"和"计划行动"，那就要去质疑是否真是如此。长期停留在只有思考的模式，就跟长期吃垃圾食物一样，会有一小段时间觉得很自在，但长远来看，你会离自己想要的结果越来越远。

　　分辨出有用的思考与无用的思考之间的差异，可以说是一门艺术而不是科学。比如说，我有许多很棒的想法，都是在出门散步的时间想出来的，我表面上看起来像是暂时离开工作去休息一下，但我允许自己的思绪在休息时间短暂地回到工作上。也有些时候，我让思绪回到工作上却毫无帮助，像是开车回家的时候，脑海中还想着各种选择和谈话内容。

实验 对你来说，哪些时候你让自己的思绪漫游能够增加生产力？哪些时候不能？两种各举出至少一个例子。

自我改进成瘾俱乐部

以下这点不见得适用于所有人，但对受这个陷阱影响的人来说还是值得一提。

如果你不断地阅读自我改进的相关信息，那你可能需要自己设下一些界限。阅读新的自我改进素材可能是某些人的支柱。也就是说，你一直在试图找到某些信息拼图中缺失的一角，它能够神奇地解决你的自我困惑，并让采取行动变得比从前更加容易、更加有确定感。若是这样，你得确保自己能将最重要的观念转化为行动，而不是一直阅读更多的新东西。

实验 如果你成了光读不练的自我改进成瘾俱乐部高级会员，试着休息一下，不要再阅读新的自我改进素材。例如，你可以决定"接下来的两周都不要再读任何新的自我改进素材"，并看看结果会如何。

最大的问题并非尝试新类型的自我改进，而是不断阅读，想要获得新观念，却没有采取多少行动，或者没有去考虑哪些重要的观念是你需要应用的。在停止阅读新信息的两周内，在你的生活中实践一种你之前阅读过的行为策略。先列出三到六个选项，然后选出其中一个策略，接着计划你要在何时何地实践你所选择的策略。

一直谈论压力或焦虑

如果你正因为需要与他人不断沟通而备感压力，试着为这些沟通设下一些界限。这个建议特别适用于像是策划婚礼这种情况。举一个例子：我的一位患者正在进行法律诉讼，诉讼的问题也涉及她的左邻右舍。她花了很多时间来向那些与她有相同情况的邻居报告诉讼的最新进度，然后与他们讨论她听到的信息或她与丈夫讨论过的所有细节。问题是，这么做让她生活一团糟。实际上，她不需要对当地和社区的消息进行这么多持续的监控。她的律师经常会根据目前的情况与她进行沟通，并且根据需要提供更多信息。为潜在（也有可能永远不会发生）的问题做无止境的心理准备，也意味着她不相信自己有能力在必要时做出适当判断，但我的这位患者明明很有能力在问题发生时做出适当的应变。

当你与别人谈论让你有压力的计划和情况时，可以用一些很简单的方式设下界限，像是等到一天结束时再互相更新信息，而不是白天就传很多讯息或发电子邮件。在某些情况下，每周和你的配偶或伴侣进行一次预先约定好的谈话来沟通特定的主题，比每天不断讨论更有效。

　　有限度地谈论自己的焦虑也是比较好的，别像天气预报那样每日更新自己的焦虑状态。你若不断讲述你的焦虑和所有让你感到有压力的事情，朋友等亲近的人也会感到疲劳。

　　实验　与其他人谈论某项特定主题的时候，你需要设下什么样的界限？

替别人承担太多责任

　　回到过度承担责任的问题：焦虑的人有时会花费太多时间和精力来帮助其他人改变。注意一下你是不是为了逃避关注自己和自己的目标才这么做。毕竟，把焦点转移到别人能改变的事情上，比面对自己并处理内心问题要容易许多。另一个可能使焦虑的人陷入这个陷阱的因素是，他们往往会过度坚持某些做法，却不考虑这是否有用。你会在某种情况下试了又试，但其实放弃是一个更好的选择。

　　实验　你是否试图改变某个人却没有用？你是否不断尝试相同的事物，期待有不同的结果？当你不再试图改变他人时，事情会变成什么样呢？例如，在某些情况下你会向某个人抱怨他或她的举动，对此，你还可以怎么做呢？

害怕恐慌发作

　　首先，如果你之前从来没有恐慌发作过，就不必认为你之后可能会发作。以下技巧是提供给那些曾经遭遇过恐慌发作的人，他们都希望自己更能掌控和处理恐慌。

　　恐慌发作是既短暂又尖锐的，往往会在 10 到 20 分钟内达到最高峰（尽管某些症状可持续一小时或更长的时间）。我们的身体构造让这些高度焦虑的反应仅能持续一段较短的时间。在人类史上，没有人的焦虑系统是永远处于恐慌发作模式的。这在生理上是不可能的。人类的神经系统中有一部分可以激发恐慌反应，而另一部分可以阻止这种反应。这些反应有升必有降。

　　实际上，你不需要做任何事情来抑制恐慌发作。你可以去做任何事情，包括一些完全错误的事情，或者什么都不做，恐慌无论如何都会自行停止。本节中的建议，是要帮助你感觉到自己有更充分的准备，就算你完全忘了所学过的技巧，而且恐慌发作时你手边正好没有这本书，你最终也会没事的。恐慌反应被触发时，你的身体会知道如何自我重置的，记得这一点，你就会觉得安心一些。

　　如果你发现自己仿佛一枚惊慌失措的焦虑未爆弹，你的首要策略应该是生理方面的，别再想着你的那些思维偏误。当你的恐慌模式真的被激发，先从牛角尖中抽离。根据人类的演化，当感到恐慌时，你会处于反应状态，而不是思考状态。你的焦虑系统会展开紧急自我防卫，进入战斗、逃跑或停顿模式，而你想要从中恢复过来。

以下是一些你可以尝试的策略：

- 缓慢呼吸。当你感到恐慌时，你可以练习这么做以感到舒缓。做法请参考第四章。

- 肢体接触。通过摩擦／抚摩你的手臂（皮肤，而不是隔着你的衣服）或者请某人给你一个长长的拥抱，来释放一些催产素。

- 改变温度。干扰你的神经系统并让身体感觉更平静（能放慢并镇定你的思绪）的好方法，就是改变你的体温。你可以选择变热或变冷，只要适合你就好。例如，泡澡或淋浴来加温，或是敲碎一些冰块喝下去来降温。

降温的一个更极端的方式是将你的脸放入一盆冰水之中（自来水＋一些冰块）。这个方法来自辩证行为疗法（dialectical behavior therapy，简称 DBT），这是由玛莎·莱恩汉（Marsha Linehan）博士开发的一种疗法。如果你想使用这种将脸放入冰水的方法，可以上网搜寻"DBT 潜水反射"（DBT dive reflex），你会找到一些不同版本的说明和一些可以尝试的变相做法。当你被浸在冷水中，你的身体会需要保存能量，这种做法正是要激发出这种效果。因为在这种情况下，你的身体会反射性地做的事情之一就是降低那些正在消耗大量能量的系统的能耗，例如……你猜对了，就是焦虑系统。

注意，有任何心脏病史或心脏病风险的人，或者饮食失调导致心脏较脆弱的人，不推荐使用这种潜水反射法。也不要只照着我在这里的简短描述就去做，而是要去查看一些更详细的说明和警告，并在尝试之前咨询你的医生。如果你手边没有冰块，也可以试试看拿出冰箱冷冻室里一些冷冻的东西，然后将它们放在脸上几秒，再重复几次。要将冷冻的东西用一层薄的布料包裹起来，例如旧 T 恤或薄毛巾。

- **DBT 痛苦耐受技巧**。还有一些很好的方法可以解决极端的焦虑问题，这些方法也来自辩证行为疗法。DBT 可说是 CBT 的近亲，因为这两种疗法之间存在一些相似与相异之处。DBT 最初被设计来治疗患有边缘型人格障碍的人，这类患者会非常强烈地感受到情绪胜过其他事物。因此，如果你在网络上搜寻"DBT 痛苦耐受技巧"，你会找到大量的建议，帮助你渡过非常极端的情绪阶段。

- **活动**。燃烧一些多余的能量通常可以帮助你在感到非常痛苦时变得平静，例如，可以试着跳上孩子们的跳跳床。

- **"牛奶、牛奶、牛奶"法。**这种方法最早出现在 100 年前，但现在因为被纳入另外一种疗法而变得普及，这种疗法被称为"接纳承诺疗法"（acceptance and commitment therapy，通常被简称为 ACT，意即"行动"）。这种疗法最初由史蒂文·海斯（Steven Hayes）博士开发，并且已经被广泛地研究。与辩证行为疗法一样，ACT 也可以被认为是 CBT 的近亲。这两种疗法之间也存在着重要的差异与相似之处。

　　"牛奶、牛奶、牛奶"法，就是从你正在反复思考的事情中取出一个触发词，例如分手、孤独、不知所措、愚蠢，并且用最快的速度重复这个词 30 秒到两分钟。这种方法被称为"牛奶、牛奶、牛奶"法，是因为人们与治疗师一起练习时，所使用的练习词就是"牛奶"。

　　这种方法是如何发挥作用的？当你一遍又一遍地将自己暴露在会触发痛苦的任何一个词前时，这个词就会开始失去它触发痛苦回忆的力量，变成一个单纯的声音。

- **寻求陪伴。**如果你正恐慌发作，并且之前从未发作过，你可以在恐慌自行消退的同时找个人陪伴你——打电话、视频聊

天或见面。就算是独自一人，你也能克服恐慌，但如果这是
你第一次恐慌发作，有个人陪伴你，会让你感觉更安心。你
找来的这个人尽量不要是你的前男友或前女友，重新拿起这
颗烫手山芋可能会让之后的事情变得更复杂。

关于恐慌发作的最后一点说明：一次或几次恐慌发作并不表示
接下来你会一直发作。我知道很多人每五到十年左右就会发生一次
这样的情况。恐慌发作是一件痛苦的事，但你若一直担心再次发作，
那才是最痛苦的。注意，这个小节的标题是"害怕恐慌发作"。比
起恐慌真的发作，害怕恐慌发作是导致人们陷入持续焦虑的更常见
的原因。

如果你正好患有恐慌症，也就是你经常恐慌发作，那么务必咨询
专门治疗恐慌症的认知行为治疗师，接受专门设计治疗恐慌发作的疗
程，治愈率非常高。你的疗程应该会包含一种被称为"内受暴露法"
（interoceptive exposure）的治疗，包含这种方法的恐慌症疗程是
最有效的。你也可以上网免费尝试"内受暴露法"的自助版本。

如果你的恐慌发作与毒品或酒精有关，那么你更应该寻求专业
的帮助，因为你的判断力已受到损害，并且药物引发的恐慌比一般
的恐慌更难以预测。

第十一章　喜欢自己的天性 vs 忍受自己的天性

　　我们的最后一步，是要从容忍自己的天性走向喜欢自己的天性。一路走来，到了最后的章节，你做得很好。

　　先进行以下测验，看看本章的内容会与你有什么样的关联。选择你认为最适合的答案。如果没有答案是适合的，就选择一个最接近的答案。

1. 你对你的核心自我有着怎样的喜欢？

　　（A）我对自我感到平静和满足。

　　（B）有些时候我觉得我是个还可以的人，但这种感受时有时无。

　　（C）我经常与"不喜欢自己"的感受扭打着。

2. 你是否能轻松认识到自己不那么容易焦虑的一面?

（A）虽然我是一个很容易焦虑的人，但我知道自己也有具备信心和自我肯定的时刻。

（B）我往往关注自己很焦虑的那一面，而忽略了自己不焦虑的那些时刻。

（C）我对自己的认知是我几乎从来不具备信心、自我肯定和乐观精神。

3. 你是否清楚自己有哪些优势?

（A）我现在可以滔滔不绝地说出一长串。

（B）嗯，也许吧，我可以说出一两个特别的优势，但之后就想不出来了。

（C）我花了很多时间思考自己的弱点，没有想过自己的优势。

4. 你是否仍潜伏着固定心态，相信自己无法提升那些你认为成功必备的重要技能?

（A）不，我已经准备万全了。

（B）我仍然会低估自己的能力，觉得自己没办法善用某些长处和才能。

（C）有许多我认为成功必备的技能是我确信自己不可能学成的。

5. 你的周遭是否有人能鼓励你接受自己，并帮助你对自己的天性保
  持正面的态度？

  （A）有。

  （B）有一两个人，但我希望有更多。

  （C）没有。

6. 你的周遭是否有人会在你犹豫的时候鼓励你采取行动？

  （A）有。

  （B）可能有一个吧。

  （C）没有。

　　以下是你答案的解析。如果你的答案：

大部分是 A

　　在自我接受和具备自信这方面，你做得很好。你的周遭也有人帮助你了解自己的长处。你能够理解自己天性中的成分并非固定不变，例如，你可以理解自己有时候有自信，有时候会感到焦虑，你并不会以"全或无"的极端方式看待自己。

大部分是 B

　　你对自己的天性大致上保持正面态度，但你仍处于飘忽不定的状态。你的自我肯定可能会随着你的心情和生活中发生的事而起伏

不定。本章将帮助你培养清楚地了解自己核心优势的能力。

大部分是 C

你对自己的负面观点仍然是你所面临的一个重大挑战，这会妨碍你减少焦虑。你可能还有一些更严重的负面信念，像是"我无能""我不配"或"我很弱"。本章将帮助你强化正面的信念。

当患者完成了常规疗程后，他们通常会处于一个更能容忍和接受焦虑的阶段。他们能成功地与自己的焦虑天性共处，而不会再有那么多戏剧化的情绪。然而，他们往往还是会觉得自己的焦虑倾向是种负担或弱点，说他们已经"喜欢上"自己的基本天性，还有点牵强。

喜欢你自己是很重要的。只要你不是什么罪大恶极的连环杀人犯，就没有必要终日活在自我厌恶的痛苦情绪中（是的，就算你有缺点也一样）。这一章提供给你一些方向，让你能继续踏上旅途，往真正喜欢上自己的天性迈进，而不再是勉强容忍自己。

留意自己没有焦虑反应的那些时刻

即使是最容易焦虑的人，也不一定总会以焦虑的方式对情况做出反应。开始注意发生在自己身上的以下情况：

- 自然而然地往好处想。

- 有自信能完成具有挑战性的任务。

- 接受他人评价时没有将之当作有针对性或毁灭性的。

- 追寻所求，而不会过度犹豫。

- 感到被接纳与放松。

　　开始注意到自己是时而焦虑时而有自信的，而不是将焦虑和自信视为两种互斥的特质。我帮助过的焦虑症患者，在生活中都有一些让他们自然而然地感到有信心和自我肯定的领域，无一例外，而且有许多人其实都很有自信。这并不是我的虚构或误判，而是他们的焦虑和自信同时存在于他们的性格之中。事实上，人们也常常称赞我是一个很有自信的人。正如你从我个人的例子中了解的那样，我也非常容易焦虑。对我来说，"我有自信"和"我很容易焦虑"，两者都是事实，共存于我的天性之中。我相信你也是一样，如果你怀疑这点，就回顾一下《绿野仙踪》的故事，狮子担心自己没有勇气，而锡人担心自己没有心。但它们一直都有，只是它们没有意识到自己所具备的特质。

　　即使是最容易焦虑的人也不会一直处于焦虑状态，为什么我要指出这点呢？当你用特定方式自我定义时，注意其中的灰色和模糊地带，这将有助于你发展出更灵活的思考方式。找出你性格中的灰色地带，目的是让你不要用太严格的方式为自己贴上标签。

实验 最近是否发生了什么事，是别人可能会感到很焦虑但你没有的？

了解你独特的优势

试着找出自己最大的五个优势。不要只考虑工作领域。记得我说的是"自己"，而不是一只忙碌的蜜蜂。如果你没办法马上想出来，那就开始留意自己哪些时候做得很好，或者哪些时候你对自己的感觉良好，并问问自己是哪些优势促成了这些好的情况。

如果你想进行一些正规的优势测验，你可以在网络上找一些来尝试。网络上有很多免费的测验。不过有时候那些最有科学依据的，大家不一定会觉得最有用或最有趣。

既然列出了你的前五个优势，那就试着在你遇到有待克服的问题时参考这个清单。例如你的优势是足智多谋，那么当你需要解决困难的时候，就记得你有这种优势。若要提高你的心理灵活度，就试试以新的方式运用你的优势，而不是依照你往常的方式。如果你经常利用你的足智多谋来想出完成任务的办法，那么可以试着将足智多谋用在去找一个可以承接这份工作的外包人员上。如果你通常会非常尽责地完成任务，那么就尽量发挥你的责任感来给自己在任务上投注的时间和精力设置一个限度，并且严格遵守这个限度。

`实验` 列出你自己最大的五个优势。你可以随时自由地修改你的清单（毕竟这是你个人的清单），所以不要太过要求完美。写出清单之后，找一项你最近需要完成的任务。你可以如何以新的方式利用你的五大优势来完成这项任务呢？

挑战剩余的固定心态

通常人们还有待加强的领域就是固定心态，也就是认定自己的能力是固定且不可能改变的。正如我们所讨论的那样，这往往会导致努力的成效不佳。

为什么继续猎捕你剩余的固定心态如此重要？因为固定心态会让人们觉得一直有某些东西阻碍了他们，或者会让他们觉得自己有某种程度上的缺陷。例如在前面的第六章中，我们讨论过"我不是一个有想法的人"这种固定心态。还有一些常会出现的固定心态是"我不擅长交际"或"我不擅长谈判"（在第四章中我曾简短举例）。

克服固定心态的关键，是找到一种方法来练习有效且适合你的"固定"技巧。以交际来举例，我喜欢通过脸书上的专业社团来交际。社团中的成员会提问、响应并分享许多有用的信息。这些社团的美妙之处在于，人们可以视自己的时间和意愿，随时融入或离开一项讨论。我根据我的优势（使用科技产品）和喜好（不愿花时间整理仪容），找出了适合我的交际方式，并且改变了我不擅长社交和无法进步的固定心态。这甚至改变了我之前确信的想法，让我不再认为自己不喜欢社交。

每当你发现自己仍坚持着固定心态时，问问自己如何以适合自己的性格、才能和喜好的方式练习这项技能。如果你对自己的感受很不好，那就问问自己是不是固定心态正在作祟，以及有没有一个成长心态的替代方案。

实验 当孩子们说"我不喜欢数学"时，通常根本的问题是他们觉得数学很难。那么你不喜欢的技能（例如社交或谈判）是什么呢？你往往能在不喜欢的技能范围内猎捕到隐藏的固定心态，并且这些心态很有可能被改变。有没有什么方法可以让你有可能去习得你本来不喜欢的技能，而这些技能其实对你的核心优势和兴趣发展很有帮助？你不需要现在就承诺去做某件事，这只是一个思考练习。例如，有人很喜欢化学，但不喜欢烹饪，就可以开始思考化学能应用在烹饪中的那一部分。

替换掉负面性格标签

负面性格标签是比固定心态更严重的问题。负面性格标签的例子包括"我很自私""我需索无度""我惹人厌""我很弱""我

有缺陷""我无能"和"我不配"。这些例子真是吓人！这些负面
信念白纸黑字地写出来看似戏剧化，但很多时候人们都没有意识到
自己有这样的信念。如果你看到这些例子的第一个反应是"我从来
没有这样看待过自己"或"只有那些超级抑郁的人才会这样想吧"，
那么请多花点时间，确定一下自己是否丝毫没有出现过这样的想法。
有可能你只有 20% 的时间会将这些负面性格标签贴在自己身上，但
即使这样也会是个问题。

　　负面性格标签分为两种类型，两种皆可以通过努力去改变。其
中一种类型非常顽固，例如，你认定自己很无能，而且不愿接受其
他想法，甚至在情绪处于正面状态时，也不愿意接受。另一种类型的
负面性格标签会随着你的情绪、焦虑和压力起伏。当你情绪低落时，
你就会比情绪处于正面状态时更加强烈地认定那些负面性格标签。如
果你的负面性格标签会随着情绪、焦虑或压力等短暂的事件而改变，
那么你会更容易发现这种标签只是负面情绪的产物，并不是真的。

　　实验　想替换掉负面性格标签，试试看以下步骤：

　　1. 选择一个新的、正面的，并且是你希望拥有的性格标签。例
如你的旧信念是"我很无能"，那就可以选择"我很能干"。

　　2. 为你目前认定旧的负面性格打分数，数值在 0（我完全不这

样认定）到 100（我完全这样认定）之间，然后为新的正面信念打分数。例如，你可能会认为"我很无能"是 95 分，而"我很能干"是 10 分（这两个数字相加不需要等于 100）。

3. 制作一个"正面数据日志"和一个"历史数据日志"。加强新的正面性格标签，往往会比试图打破旧的负面性格标签更可行。以下我将提供给你两个实验，帮助你强化新的标签。

正面数据日志：接下来的两周中，写下能够佐证你新的正面性格的例子。如果你试图更加认定"我很能干"这个想法，那就在某天你准时赴约的时候，把这点写下来当作佐证。

不要落入认知陷阱，把你的某些证据大打折扣。如果你犯了一个错误，但你马上就解决问题了，这就是你很能干的证据，而不是你很无能，所以你可以把这点放在你的正面数据日志中。

历史数据日志：在这个日志中，你要回顾你人生中的各个阶段，并从那些阶段中，找到能够佐证你正面性格的例子。这个实验能帮助人们更加相信这些正面性格是他们长久以来天性的一部分。进行这个实验时，请将你的人生阶段切分成任何你想要的大小区块，例如每四到六年是一个阶段。如果你只有二十几岁，那么你可以选择每三年或每四年为一个阶段。

延续前面的举例，如果你正在强化"我很能干"这项信念，那么童年时期的证据可能会是学习走路、学习说话或交朋友。得由你自己来想出例子。在你的青少年时期，一般生活能力的证据可能是考到驾驶执照（没错，就算你考了三次，也是一项重要的证据）。大学早期阶段的证据则可能是选对了专业并拿到学分。完成正规教育后的证据可能是找到养活自己的工作，并找到房子。你也应该找一些社交领域的证据，例如找到交往对象，或是在发现这段关系不适合你之后，找到和对方分手的方法。这些举例的目的，是要向你自己证明"我很能干"是比"我很无能"更真实的特质。

其他你可以加强的正面性格信念可能有"我很坚强"（并不软弱）、"我值得被爱"（并非惹人厌），还有"我值得被尊重"（并非毫无价值）。有时负面性格的另一面是很明确的，就像"坚强／软弱"的例子一样，但有时候也会有好几种其他的可能，如果是这样，你可以选择其中一种。

4. 重新评估你对负面和正面性格标签的相信程度。做完数据日志之后，你应该会有一些变化。例如，你现在可能认为"我很无能"是 50 分，而不再是 95 分，并且相信"我很能干"是 60 分，而不是10 分。你可能已经维持了很长一段时间的负面性格信念，所以改变也不会像泡一碗泡面一样那么快速。

如果你想针对这部分更进一步努力，我的一些患者都很喜欢一本叫作《性格的陷阱》（*Reinventing Your Life*）的书。如果你认为调整负面性格标签是你需要做的事，那么你可以利用这本书。去找认知行为治疗师咨询时，你也可以告诉对方你已经针对一些思维偏误做出努力，像是揣测他人心思、将评价当作有针对性的或负面预测，但你还想要再加强一些核心信念（core belief）。"核心信念"是一个常见的临床用语，也就是我所说的正面和负面性格标签。

备注：正面数据日志与历史数据日志练习基于克里斯蒂娜·帕德斯基（Christine Padesky）博士所开发的练习。

找到你的互助网

这本书大部分的内容都聚焦在帮助你处理内在世界。我想用这最后一部分来让你思考其他人可以扮演的角色，或者已经正在扮演的角色。他们可以帮助你喜欢和接受自己的天性，鼓励你做一些对你有意义的事情，即使这些事情可能会在一开始让你感到无助。

互助网中的人们若能扮演以下角色，往往能让焦虑的人大受帮助：

- 接受者：指的是你觉得百分之百接受你的人，以及能帮助你更加接受自己的人。这个人可以帮助你看到自己的不完美和古怪的脾气，但不会让你觉得这些特质是会让你遭到他人拒绝的致命缺陷。在接受你天性的同时，这个人也应该有自己的分寸，比如当你让自己陷进担忧的泥沼时，他不会强行干涉。

- 推动者：这是一个会鼓励你去做某些事的人。理想情况下，这个人是在你想要成功的领域中已经取得成功的人，并且轻轻推动着你去尝试跟随他的脚步。如果你本来就已经在领域中取得了一定程度的成功，那么这个人应该是一个领先于你的人。

- 思绪清晰者：这是一个可以与你讨论抉择的人，并且会提出一些明智的看法。他不会替你解决问题，但会与你脑力激荡，为你注入有用的意见，帮助你推进想法。

这些支持你的人不可能神奇地凭空出现。要花时间建立、培养和珍惜能为你带来帮助的人际关系。针对人际关系的研究显示，支持我们的人能帮助我们看到自己忽略的正面特质。好的支持者们将让你更透彻地赏识自己的多面天性，并帮助你摆脱你对自己过于狭窄或负面的认知。随着你的自信、自我认知和自我接纳越发蓬勃地发展，你将会发现采取行动变得更容易了，即便那些行动会引发你的焦虑或让你感到无助，你也能继续前进。

THE

ANXIETY

TOOLKIT

结　语

　　现在来到我们共同旅程的终点了。感谢你为了解、学习驾驭焦虑所付出的努力。在接下来的几个月里，你无疑会有很多机会将你在本书中学到的观念应用到你的生活中。通过这个过程，你会将获得的观念转化为技能，随时随地运用这些技能来应对任何情况。

诚挚祝福

爱丽丝

致 谢

　　这本书的大部分内容都是来自我接受的焦虑的认知行为模式和 CBT 的训练。我要感谢千千万万的研究人员，他们为我们对焦虑心理的整体认知做出了贡献。我还要感谢咨询我的患者，通过他们的努力和配合，我们彼此都在心理学方面获益匪浅。

　　还有许多人参与了这本书的诞生过程。我的超级经纪人贾尔斯·安德森（Giles Anderson）大力促成了这本书，并帮助我在短短几个月之内将一个出书的想法转变为一份出版合约。我在近地点书业（Perigee Books）的编辑梅格·莱德（Meg Leder），是每位作者心目中的理想编辑，她让这本书变得更好。

　　在我的心理学生涯中，我很幸运地拥有一些很棒的导师：加思·弗莱彻（Garth Fletcher）教授、弗兰·弗图（Fran Vertue）博士，以及珍妮特·拉特纳（Janet Latner）教授。他们教导我专业技能，并给予我信心。

　　我要感谢我的伴侣——凯瑟琳·伯内尔（Kathryn Burnell）博士，她不仅阅读了我无数的草稿，更在我不听劝告时点醒了我。还有，虽然有点煽情，但不得不提到我的妈妈，我爱你，知道你无论如何都会支持我，做我的后盾，给我安全感，让我能够去追求自己的目标。

　　写书是一段孤独的过程，若不是在 PsychologyToday 网站上通过博客认识了许多其他心理学作家，融入了这个美好的社群，我一定会感到非常孤单。我的博客作家朋友们一直都非常慷慨地给予我友谊和建议，包括盖伊·温奇博士、托妮·伯恩哈德法学博士、阿特·马克曼（Art Markman）教授、苏珊·纽曼（Susan Newman）博士、明迪·格林斯坦（Mindy Greenstein）博士、巴布·马克韦（Barb Markway）博士、琳内·苏拉娅（Lynne Soraya）和梅格·塞利格（Meg Selig）。